GUÍA de ESTUDIOS MUSICALES para guitarra

NIVEL 2

TÉCNICA – ESCALAS – ACORDES

MarvinMusicWorld

Primeramente, quiero agradecer a Dios, por la oportunidad que me da, de compartir mis conocimientos para ayudar y bendecir a otros. Pero sobre todo, de poder dedicar los talentos que me dio, para su honra y gloria.

Le doy las gracias a ustedes mis alumnos por motivarme y alentarme cada día a dar lo mejor de mi.

El propósito de esta material y otros que vendrán más adelante, es el de plasmar todas las experiencias de mi aprendizaje, adquiridas durante varios años de estudio y carrera musical. Además de facilitar el estudio de la música y la guitarra a todo aquel que lo desee.

Este método esta divido en tres partes :

1. Técnica. Corresponde a los ejercicios de la mano derecha e izquierda que nos van a ayudar a mover los dedos de una manera mas limpia, fácil y rápida, eliminando todos los vicios que podamos tener al aprender solos.

2. Escalas. El conocimiento y memorización de las notas y escalas mayores y pentatónicas en el mango o cuello de la guitarra en diferentes tonalidades y posiciones.

3. Acordes. Quizás los acordes mas básicos como triadas, séptimas y suspendidos en primera posición de la guitarra y en otras posiciones y cuerdas de la guitarra. Y por último ejemplos, dónde utilizar los acordes y alguna base rítmica de como tocarlos. .

Espero que este pequeño método pueda serle de provecho como lo ha sido para mi y muchos de mis estudiantes.

Recuerde: tenga paciencia consigo mismo, no se desespere. Pero lo mas importante es ser constante en el estudio así sea poco tiempo diario, es mejor 10 minutos todos los días que 5 horas un día y no volver a hacerlo en mucho tiempo. El tiempo que le dedique a su estudio divídalo en estas partes que le acabo de mencionar, (técnica, Escalas y Acordes).

Gracias por apoyarme comprando este material. Que Dios te bendiga y puedas ser un músico con excelencia para El.

Manual Básico de guitarra 2 — Índice

Explicación de Notaciones y Rítmica — Pág. 5-6

Técnica — Pág. 7
    Unidad 1. Ejercicios Angulares con 3 dedos. — Pág. 8
    Unidad 2. Ejercicios Angulares con 4 dedos. — Pag 9
    Unidad 3. Ejercicios Angulares con 4 dedos Extendidos. — Pág. 10
    Unidad 4. Ligaduras. (Hammer-On, Pull-Off). — Pág. 11
    Unidad 5. Escala mayor en una cuerda. (ejercicio lineal en tresillos). — Pág. 12
    Unidad 6. Escala mayor en una cuerda. (ejercicio lineal en semicorcheas). — Pág. 13
    Unidad 7. Arpegios de los grados de la escala mayor, en dos cuerdas. — Pág. 14
    Unidad 8. Arpegios de los grados de la escala mayor. Continuación. — Pág. 15

Escalas. — Pág. 16
    Unidad 1. Escala menor natural. (5 patrones). — Pág. 17
    Unidad 2. Conexión de la escala menor natural. — Pág. 18
    Unidad 3. Mecanismos. (Secuencias e Intervalos). — Pág. 19
    Unidad 4. Escala pentatónica menor. (5 patrones). — Pág. 20
    Unidad 5. Conexión escala menor pentatónica. — Pág. 21
    Unidad 6. Mecanismos escala pentatónica menor. — Pág. 22
    Unidad 7. Escala Blues. (5 patrones) — Pág. 23
    Unidad 8. Conexión escala Blues. — Pág. 24
    Unidad 9. Escala menor armónica. (5 patrones). — Pág. 25
    Unidad 10. Conexión escala armónica. — Pág. 26
    Unidad 11. Escalas mayores Extendidas. (3 notas por cuerda) — Pág. 27
    Unidad 12. Escalas Disminuidas. — Pág. 28
    Unidad 13. Escalas tonos enteros. — Pág. 29

Acordes. — Pág. 30
    Unidad 1. Acordes novenos (maj9, min9, dom9) parte 1. — Pág. 31
    Unidad 2. Acordes novenos (Add9, m add9) parte 2. — Pág. 32
    Unidad 3. Acordes treces. (maj13, min13, dom13). — Pag 33
    Unidad 4. Acordes maj6/9, min6/9. — Pág. 34
    Unidad 5. Acordes min11 y dom 11. — Pág. 35
    Unidad 6. Acordes maj6 y min6. — Pág. 36
    Unidad 7. Acordes dominantes 9 alterados (7♭9, 7♯9). — Pág. 37
    Unidad 8. Acordes maj7 con 5ta alterada (maj7♭5 y maj7♯5). — Pág. 38
    Unidad 9. Acordes dominantes con 5ta alterada (7♭5, 7♯5). — Pág. 39

- Lo Primero que vamos a ver, es como identificar o entender el gráfico de la guitarra y todos los números o letras.

Las Letras corresponden al nombre de los acordes, las primeras 7 letras del abecedario son las notas de la Escala musical

```
C    D    E    F    G    A    B    C
do   re   mi   fa   sol  la   si   do
```

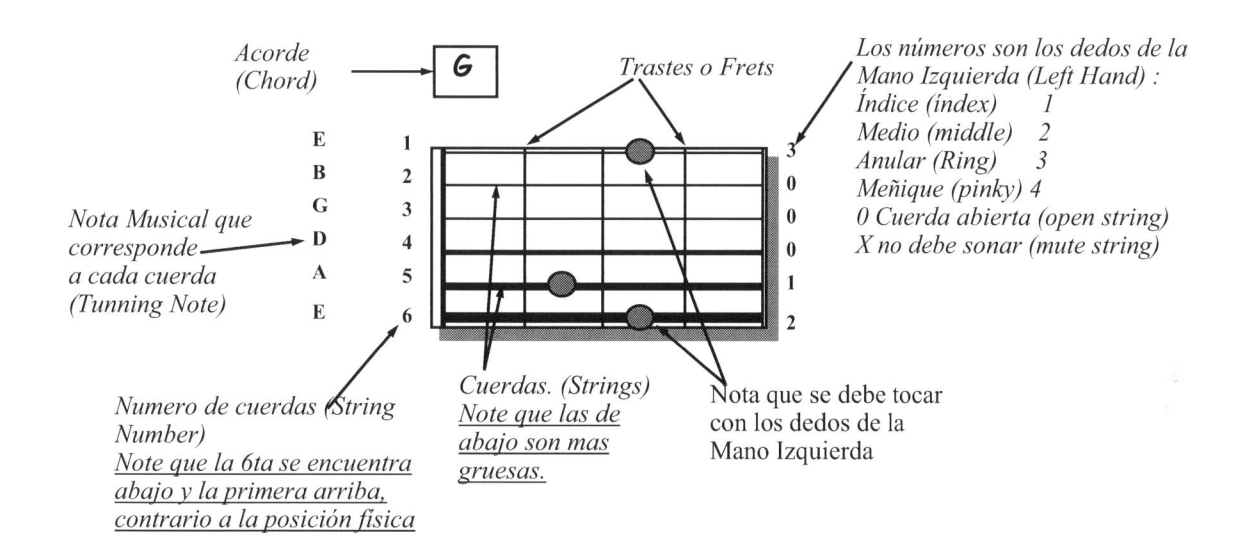

Acorde (Chord) → G

Trastes o Frets

Los números son los dedos de la Mano Izquierda (Left Hand):
- Índice (index)   1
- Medio (middle)   2
- Anular (Ring)   3
- Meñique (pinky) 4
- 0 Cuerda abierta (open string)
- X no debe sonar (mute string)

Nota Musical que corresponde a cada cuerda (Tunning Note)

E 1
B 2
G 3
D 4
A 5
E 6

Numero de cuerdas (String Number)
Note que la 6ta se encuentra abajo y la primera arriba, contrario a la posición física

Cuerdas. (Strings)
Note que las de abajo son mas gruesas.

Nota que se debe tocar con los dedos de la Mano Izquierda

Explicación del TAB. (Tablature) Algunos ejercicios en esta guía se escribirán usando la Tablatura, que no es mas sino la representación de las cuerdas de la guitarra y los números de los trastes que se deben tocar.

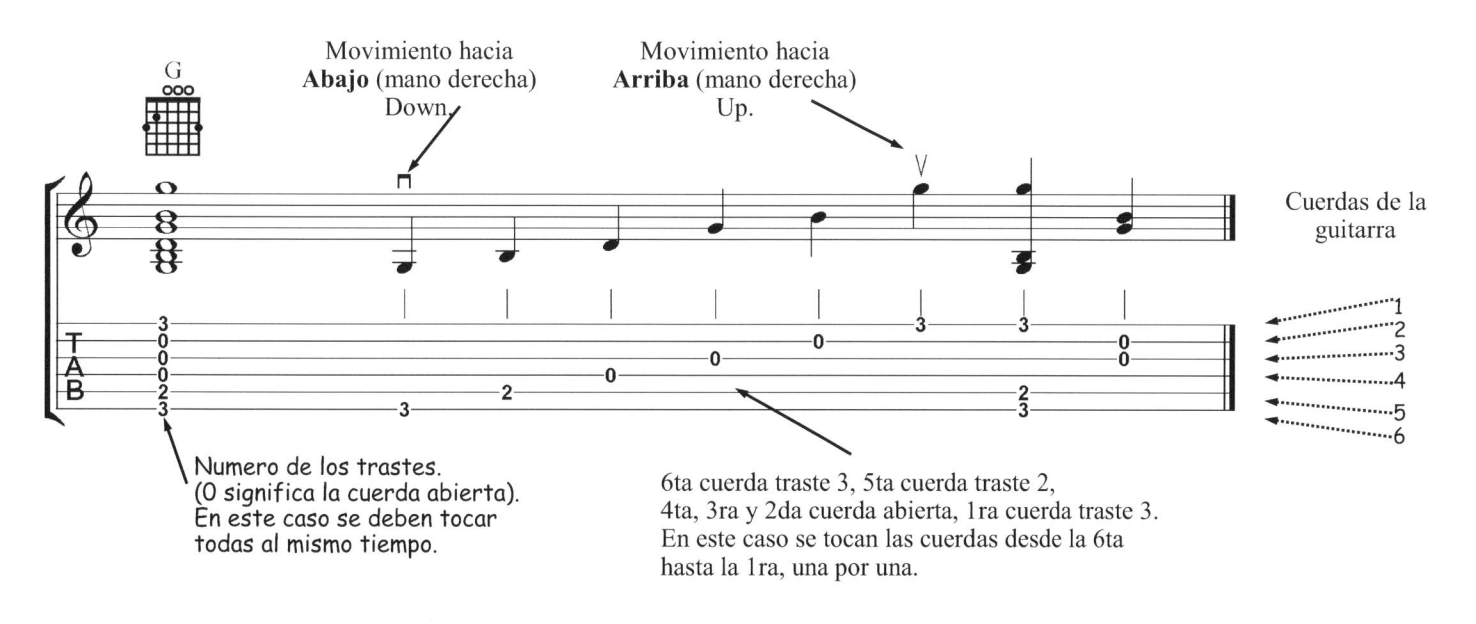

Movimiento hacia **Abajo** *(mano derecha)* Down.

Movimiento hacia **Arriba** *(mano derecha)* Up.

Cuerdas de la guitarra

```
T  3------------------------------3----3------
A  0---------------------0---------------------0--
B  0----------------0-------------------0------
   0-----------2---------------------2---------
   2----3----------------------------3---------
   3---------------------------------------------
```

Numero de los trastes. (0 significa la cuerda abierta). En este caso se deben tocar todas al mismo tiempo.

6ta cuerda traste 3, 5ta cuerda traste 2, 4ta, 3ra y 2da cuerda abierta, 1ra cuerda traste 3. En este caso se tocan las cuerdas desde la 6ta hasta la 1ra, una por una.

Manual básico de Guitarra 2 — Breve explicación

En esta página trataré de dar una noción a grandes rasgos de conceptos importantes de la rítmica. Puede ser una forma fácil de escribir simples "charts" de canciones y muy fácil de seguir para cualquier músico. Solo es cuestión de memorizar los nombres, figuras y su duración en el compás.

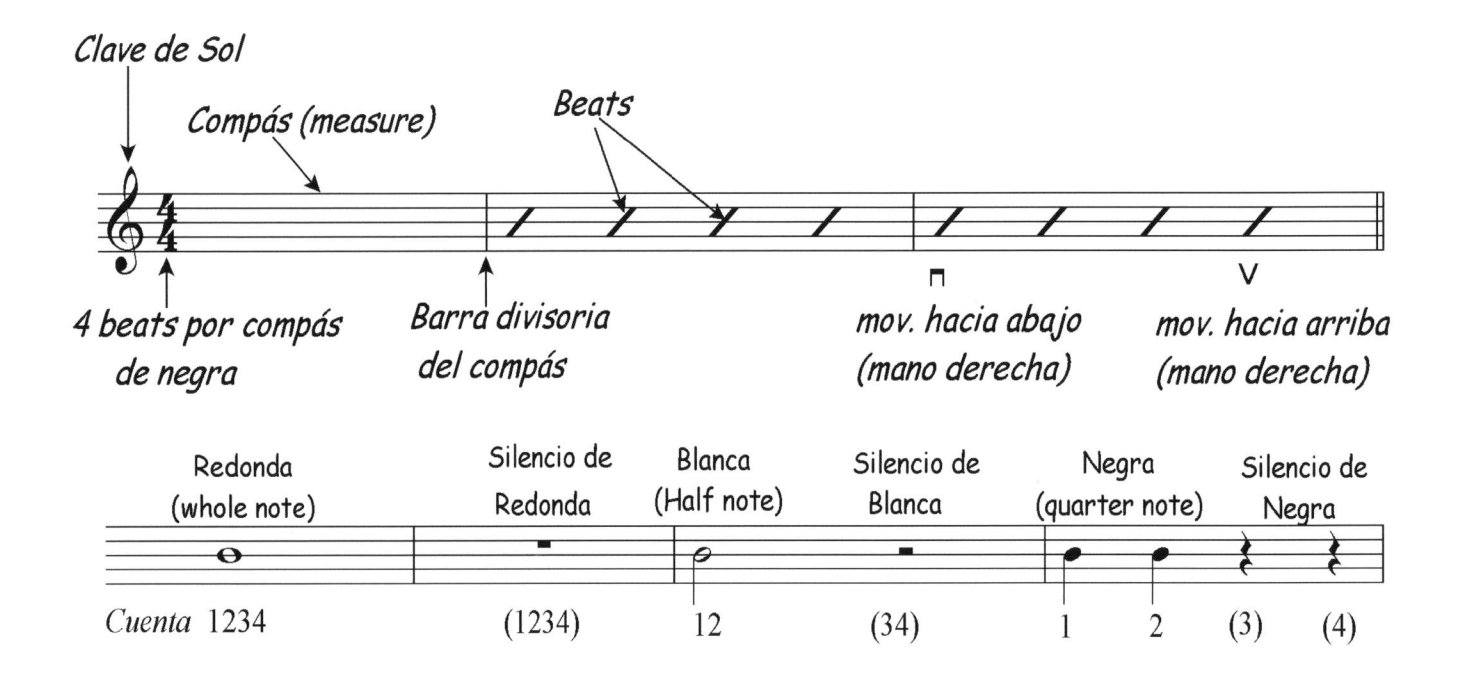

- Clave de Sol
- Compás (measure)
- Beats
- 4 beats por compás de negra
- Barra divisoria del compás
- mov. hacia abajo (mano derecha)
- mov. hacia arriba (mano derecha)

Figura	Cuenta
Redonda (whole note)	1234
Silencio de Redonda	(1234)
Blanca (Half note)	12
Silencio de Blanca	(34)
Negra (quarter note)	1　2
Silencio de Negra	(3)　(4)

Corchea (eight note) — 1 y 2 y 3 y 4 y
Silencio de Corchea
Semicorchea (Sixteen note) — 1 y en da 2 y en da 3 y en da 4 y en da
Silencio de Semicorchea

Tambien cuando se habla de un Ejercicio rítmico, se puede escribir de la siguiente manera.

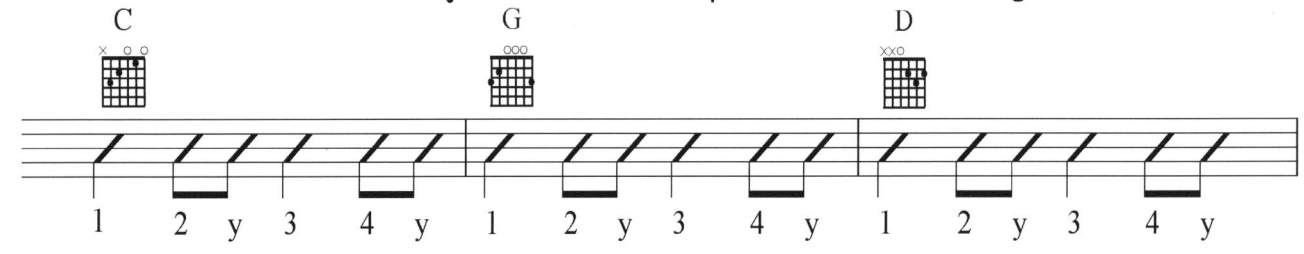

C — 1　2 y 3　4 y
G — 1　2 y 3　4 y
D — 1　2 y 3　4 y

TÉCNICA

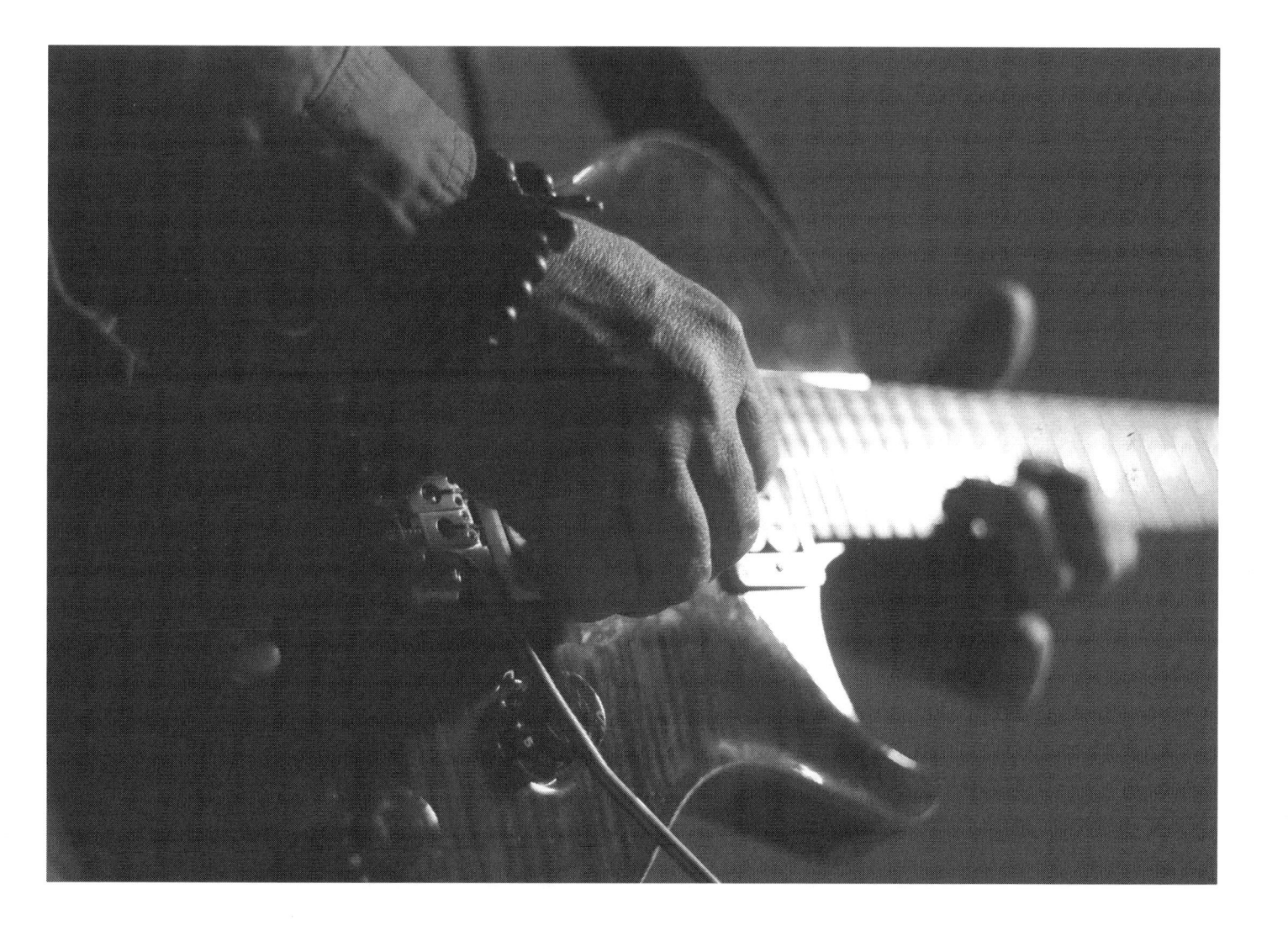

Técnica.

Ejercicio Angular con tres dedos: Trabajamos Independencia entre las cuerdas y el movimiento de la mano derecha.

Recuerde que en TAB el número corresponde al traste y las cuerdas van desde la 1 a la 6 de arriba a abajo.

Practique el ejercicio con metrónomo comenzando con una velocidad lenta y repítalo varias veces hasta dominarlo

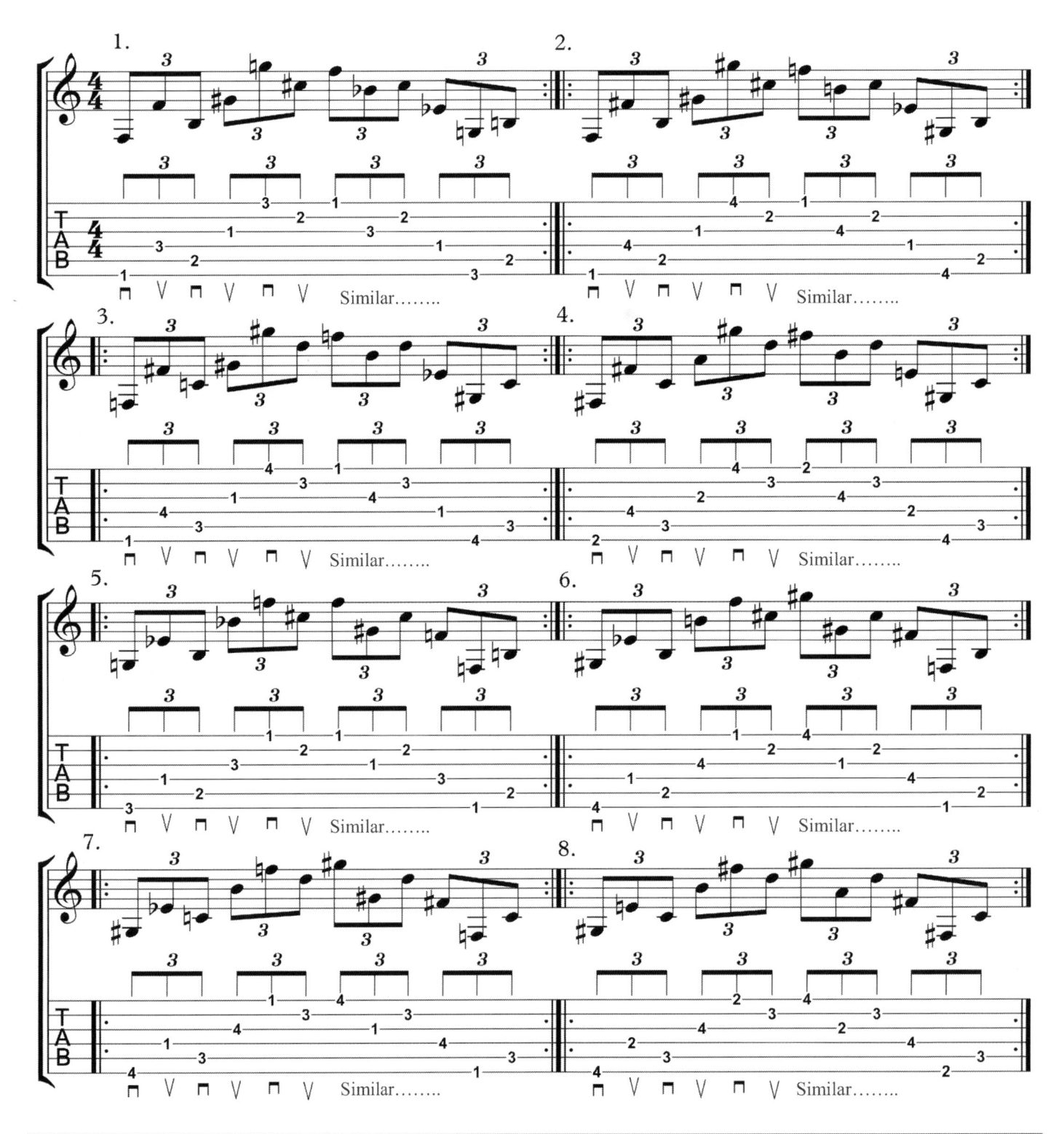

Técnica.   Unidad. 2

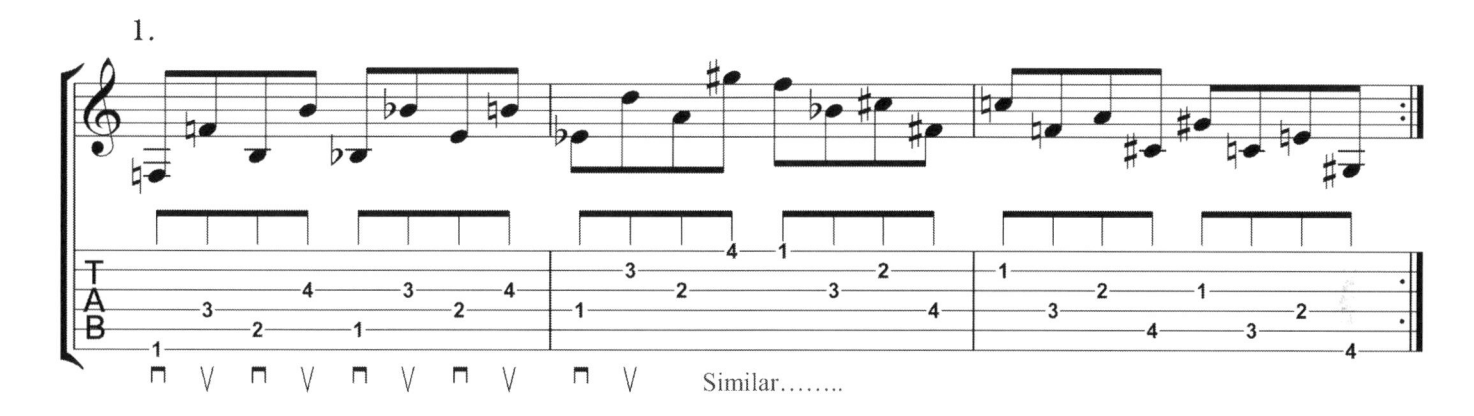

Ejercicio Angular con cuatro dedos: Seguimos Trabajando Independencia entre las cuerdas y el movimiento de la mano derecha.

Recuerde que en TAB el número corresponde al traste y las cuerdas van desde la 1 a la 6 de arriba a abajo.

Practique el ejercicio con metrónomo comenzando con una velocidad lenta y repítalo varias veces hasta dominarlo.

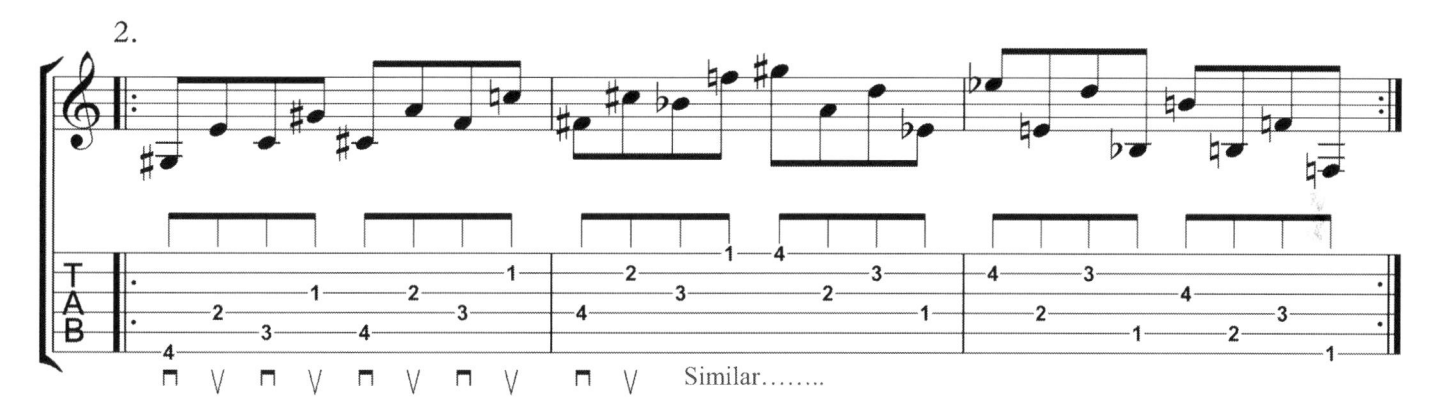

Técnica.   Unidad. 3

Ejercicio Angular Extendido con cuatro dedos: Seguimos Trabajando Independencia entre las cuerdas y el movimiento de la mano derecha.

Recuerde que en TAB el numero corresponde al traste y las cuerdas ban desde la 1 a la 6 de arriba a abajo.

Practique el ejercicio con metrónomo comenzando con una velocidad lenta y repítalo varias veces hasta dominarlo, preste atención al movimiento de la mano derecha.

Similar........

Escalas. Unidad 4

H.O : Hammer On, cuando golpea la nota con la mano izquierda sin usar la derecha para producir el sonido
P.O: Pull Off, Cuando hala o estira la cuerda con la mano Izquierda para producir el sonido, sin usar la derecha.

1. *En este ejercicio note que debe hacer dos (2) H.O y dos (2) P.O por cuerda.*

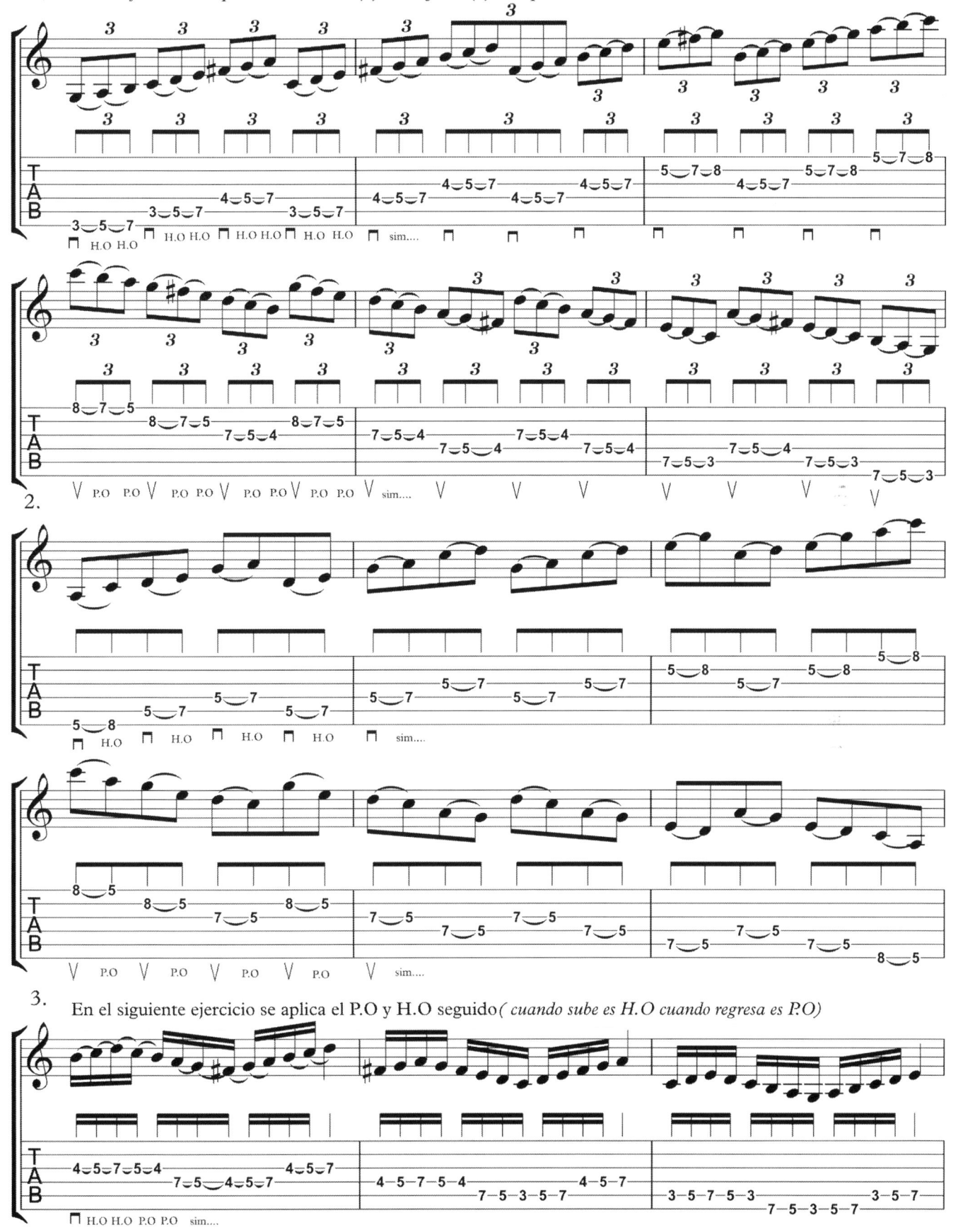

2.

3. En el siguiente ejercicio se aplica el P.O y H.O seguido *(cuando sube es H.O cuando regresa es P.O)*

Marvin

Técnica.　　　　　　　　　　　　　　　　　　　　　　　　　　　　　Unidad. 5

Ejercicio Lineal de Coordinación y Velocidad, Trabajamos la coordinación y velocidad de la mano Izquierda y el pick alterno de la mano derecha, Inicie el ejercicio con una velocidad lenta en figura de tresillos y repítalo varias veces hasta dominarlo, Aumente la velocidad gradualmente a medida que lo domine.

1.

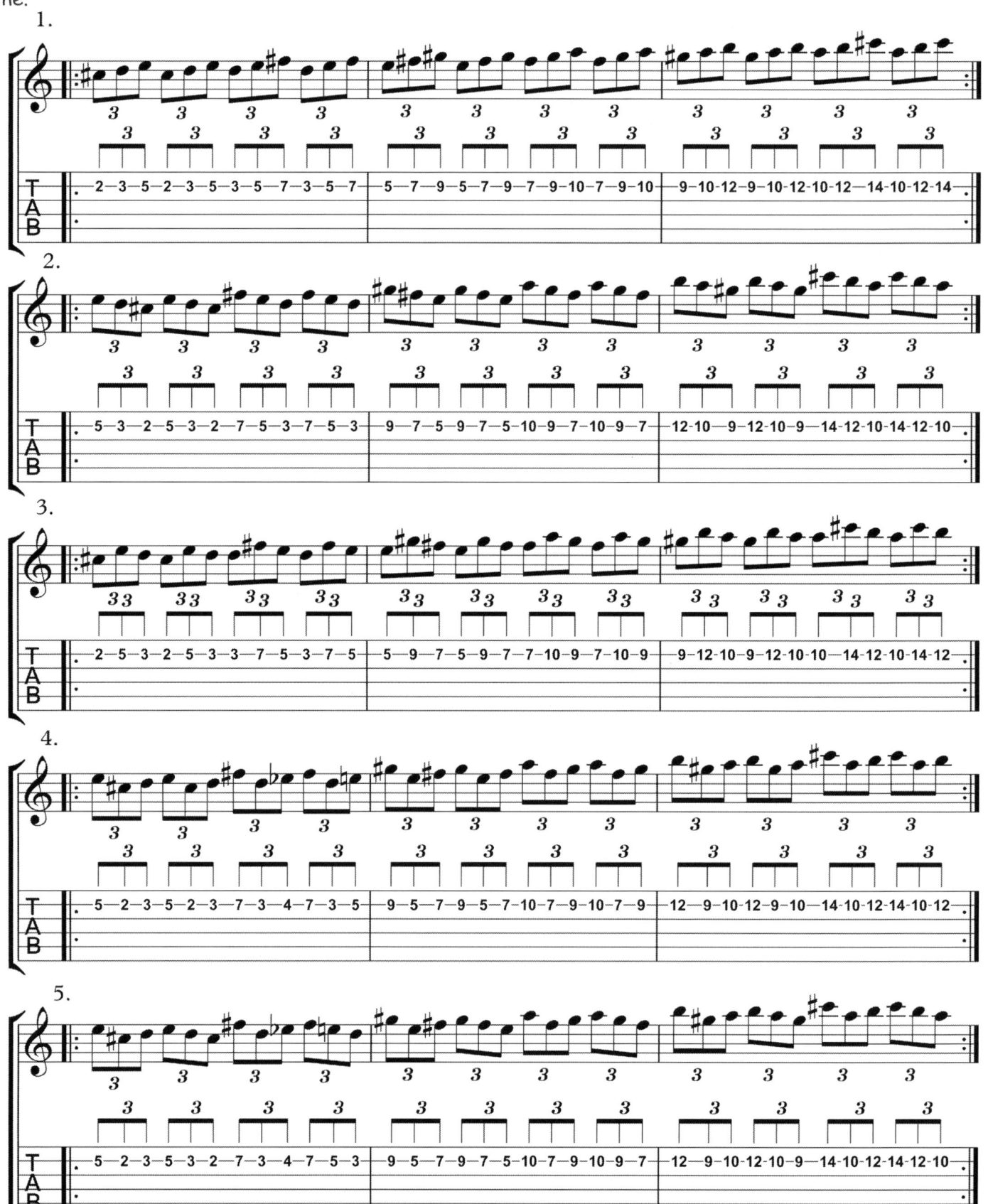

```
TAB: |--2-3-5-2-3-5-3-5-7-3-5-7--|--5-7-9-5-7-9-7-9-10-7-9-10--|--9-10-12-9-10-12-10-12-14-10-12-14--|
```

2.

```
TAB: |--5-3-2-5-3-2-7-5-3-7-5-3--|--9-7-5-9-7-5-10-9-7-10-9-7--|--12-10-9-12-10-9-14-12-10-14-12-10--|
```

3.

```
TAB: |--2-5-3-2-5-3-3-7-5-3-7-5--|--5-9-7-5-9-7-7-10-9-7-10-9--|--9-12-10-9-12-10-10-14-12-10-14-12--|
```

4.

```
TAB: |--5-2-3-5-2-3-7-3-4-7-3-5--|--9-5-7-9-5-7-10-7-9-10-7-9--|--12-9-10-12-9-10-14-10-12-14-10-12--|
```

5.

```
TAB: |--5-2-3-5-3-2-7-3-4-7-5-3--|--9-5-7-9-7-5-10-7-9-10-9-7--|--12-9-10-12-10-9-14-10-12-14-12-10--|
```

Marvin　　　　　　　　　　　　　　　　　　　　　　　　　　　　　*Pág. 12*

Técnica.   Unidad. 6

Ejercicio Lineal de Coordinación y Velocidad con figuras de semicorcheas.
Recuerde todas las recomendaciones anteriores.

1.
```
2-3-5-3-2-3-5-3-3-5—7-5-3-5-7-5 | 5—7—9-7-5-7-9-7-7-9-10-9-7-9-10-9 | 9-10-12-10-9-10-12-10-10-12—14-12-10-12-14-10
```

2.
```
5-3—2-3-5-3-2-3—7-5-3-5-7-5-3-5 | 9—7-5-7-9-7-5-7-10-9-7-9-10-9-7-9 | 12-10—9-10-12-10-9-10—14-12-10-12-14-12-10-12
```

3.
```
2-5-3-5-2-5-3-5-3—7-5-7-3-7-5-7 | 5—9—7-9-5-9-7-9-7-10-9-10-7-10-9-10 | 9-12-10-12-9-12-10-12-10—14-12-14-10-14-12-14
```

4.
```
5-2-3-2-5-2-3-2—7-3-5-3-7-3-5-3 | 9-5—7-5-9-5-7-5-10-7-9-7-10-7-9-7 | 12—9-10-9-12-9-10-9—14-10-12-10-14-10-12-10
```

5.
```
5—2—3—5⌒7—3—5—7⌒9—5—7—9⌒10—7—9—10 | 12—9—10—12⌒14—10—12—14⌒15—12—14—15⌒17
```

```
12—15—14—12⌒10—14—12—10⌒9—12—10—9⌒7—10—9—7 | 5—9—7—5—3—7—5—3—2—5—3—2—0
```

Marvin   Pág. 13

Técnica. — Unidad 7

Arpegios en Dos cuerdas, Los Arpegios de los grados de la escala mayor en las dos primeras cuerdas; en figuras de tresillos (3 notas por arpegio).

Ejercicio A: El paso de la 2da a la 1ra cuerda es con el mismo movimiento de la mano derecha, hacia abajo ⊓ (Down) y la ultima nota el movimiento es subiendo. V

Ejercicio B: en sentido contrario la 1ra nota es tocada hacia abajo ⊓ y la 2da y 3ra hacia arriba en un solo movimiento. V

Recuerde usar metrónomo e iniciar el ejercicio con un tiempo lento en figuras de tresillos. Repetirlo varias veces hasta dominarlo y entonces aumentar la velocidad.

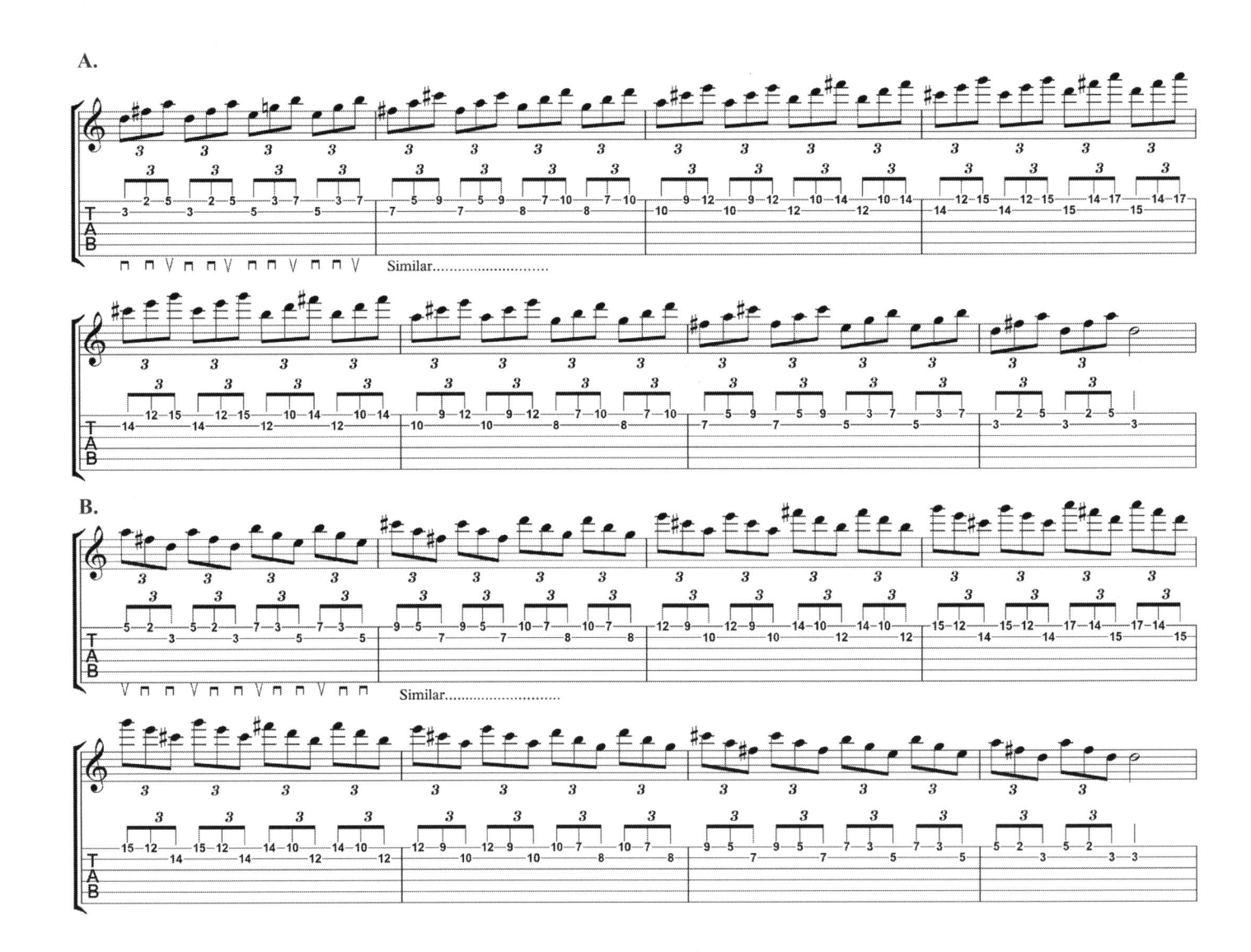

Marvin — Pág. 14

Técnica. Unidad. 8

Arpegios en Dos cuerdas: Los Arpegios de todos los grados de la Escala mayor en las dos primeras cuerdas; en figuras de figuras de semicorcheas (4 notas por arpegio).
Ejercicio A: El paso de la 2da a la 1ra cuerda es con el mismo movimiento de la mano derecha, hacia abajo (Down) y la 3ra nota el movimiento es subiendo seguido de una ligadura. (Pull Off)
Ejercicio B: en sentido contrario la 1ra nota es tocada hacia abajo y la 2da es una ligadura (Pull Off) seguida de la 3ra y 4ta hacia arriba en un solo movimiento.
Recuerde usar metrónomo e iniciar el ejercicio con un tiempo lento en figuras de tresillos
Repetirlo varias veces hasta dominarlo y entonces aumentar la velocidad

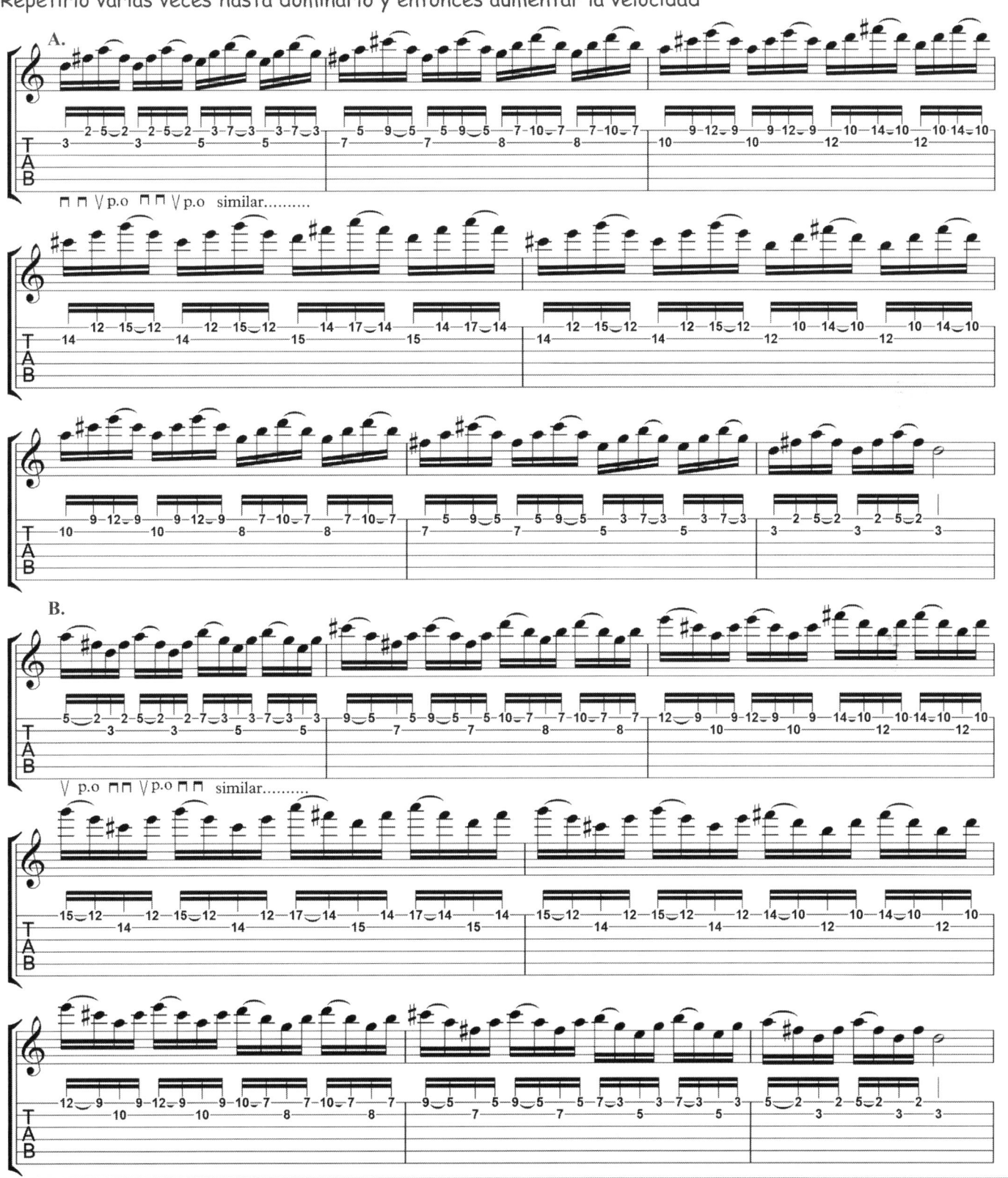

Marvin Pág. 15

ESCALAS

Escalas.
Unidad 1

Escala Menor Natural se construye, bajando medio tono al 3ro, 6to y 7mo grado de la Escala Mayor. Ejemplo:

C D Eb F G Ab Bb C
1 2 3b 4 5 6b 7b 8.

- Otra forma de tocar las Escalas menores es, ubicando el "Relativo menor" de la Escala mayor, y tocando la escala desde esa nota. Eso convierte la escala mayor en la relativa menor.

    Escala Mayor   C D E F G |A| B C   (Relativo menor 6to grado Am)
    Escala menor Natural |A| B C D E F G

- Los siguientes patrones se usan para construir la escala menor en el diapasón de la guitarra. Practique y memorice cada uno, iniciando desde la raíz.(nota con el círculo oscuro).

Patrón Nro. 1 **Gm**

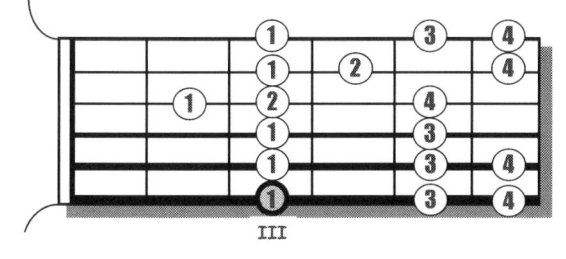

Patrón Nro. 2 **Em**

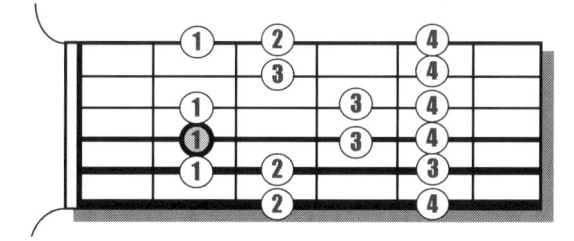

Patrón Nro. 3 **Dm**

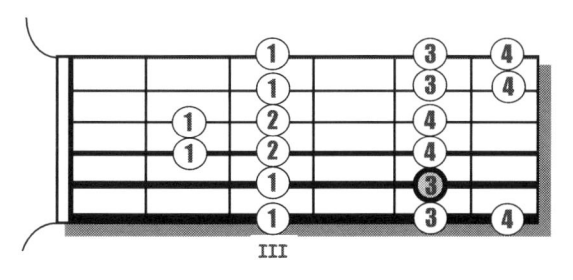

Patrón Nro. 4 **Bm**

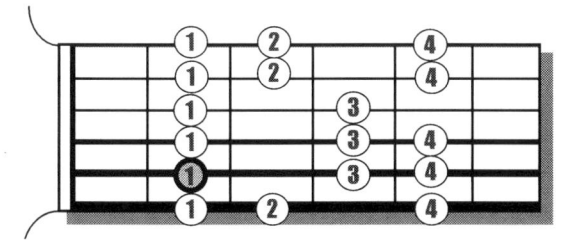

Patrón Nro. 5 **Am**

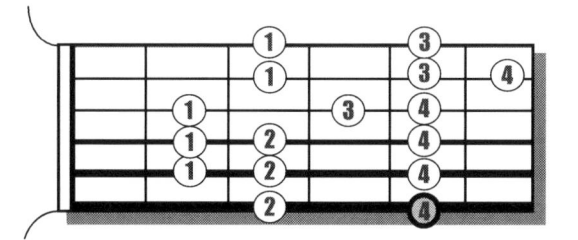

Escalas.

Unidad 2

Conexión de la Escala Menor Natural

- Al memorizar los 5 patrones podrá comenzar a conectarlos uno con otro, de esa forma se obtendrá un patrón completo de la misma escala en todo el diapasón de la guitarra
- Practique y memorice la secuencia de conexión. Recuerde que el nro. 1 se conecta con el nro. 2, el nro. 2 con el nro. 3, el 3 con el 4 y así sucesivamente.

Patrón Nro. 1.

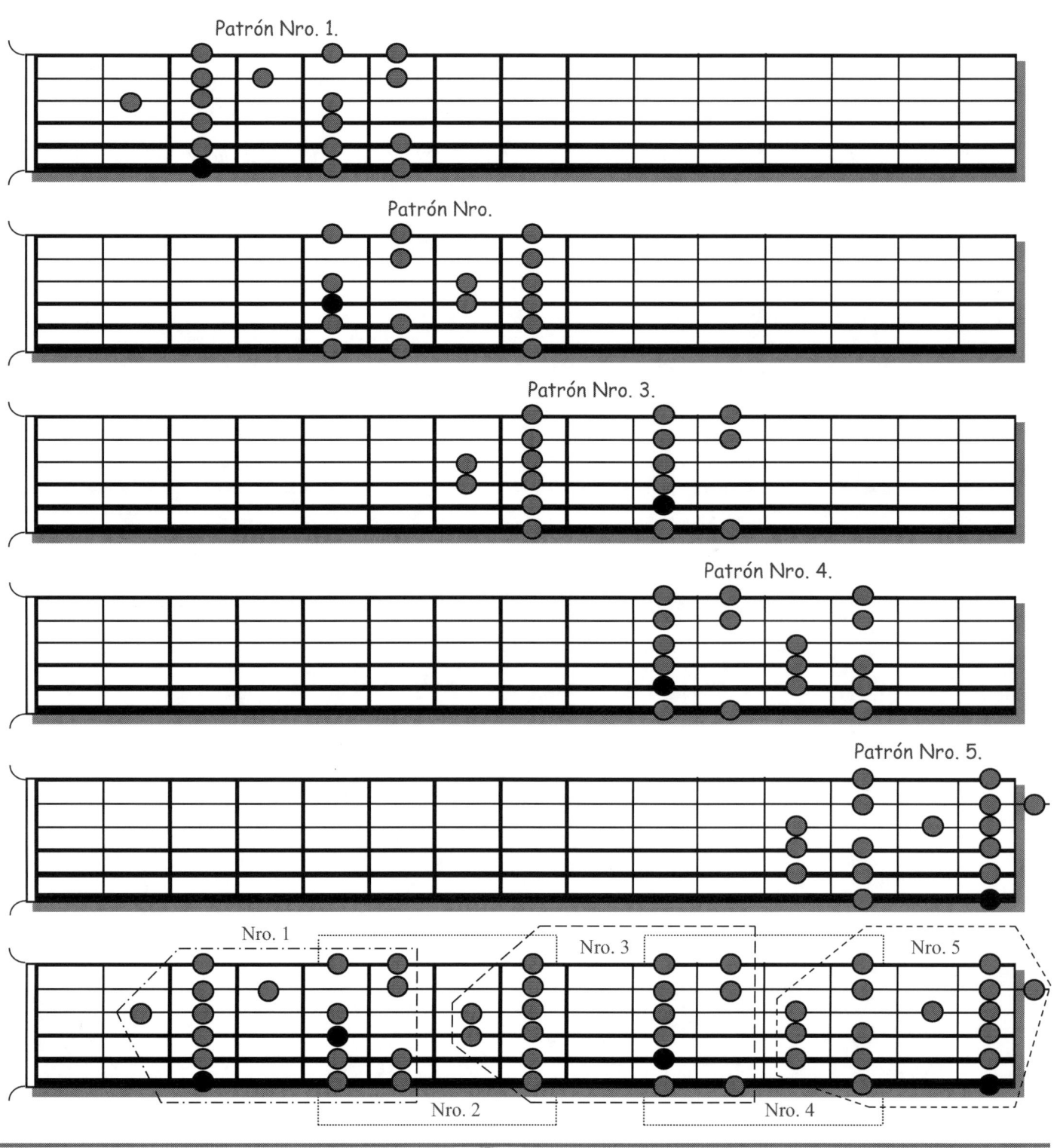

Patrón Nro.

Patrón Nro. 3.

Patrón Nro. 4.

Patrón Nro. 5.

Nro. 1   Nro. 3   Nro. 5

Nro. 2   Nro. 4

Marvin

Pág. 18

Escalas.

Unidad 3

Mecanismos. (Escala menor natural)

- Los Mecanismos son una síntesis de las posibilidades de combinación de las notas de una escala. Son diferentes formas de tocar una escala, basados en secuencias lógicas sobre las notas de la misma, los cuales sirven como recursos para el desarrollo de un solo o una melodía.
- Los mecanismos son básicamente de dos tipos: Secuencias & Intervalos.

- **Secuencias**: consiste en tocar una escala, formando pequeños grupos de notas que pueden ser de 3, 4, 5, 6, etc.. Estos grupos se forman tocando después de cada grado de la escala, las notas necesarias hasta completarlos, usando siempre las mismas notas de la escala mayor en secuencia.

- **Intervalos**: consiste en formar parejas de notas sobre cada grado de la escala, usando intervalos que pueden ser de 3ra, 4ta, 5ta, 6ta, etc. Estos intervalos se forman tocando sobre cada grado de la escala, la nota que forme el intervalo deseado, pero siempre usando las mismas notas de la escala.

Escalas.

Unidad 4

<u>**Escala Pentatónica menor**</u> en pocas palabras, es la misma menor natural sin el 2do y 6to grado de la Escala menor. Ejemplo:

C	Eb	F	G	Bb	C
1	3b	4	5	7b	8.

- Los siguientes patrones se usan para construir la escala pentatónica menor en el diapasón de la guitarra. Practique y memorice cada uno, iniciando desde la raíz.(nota con el círculo mas oscuro).

Patrón Nro. 1 Gm

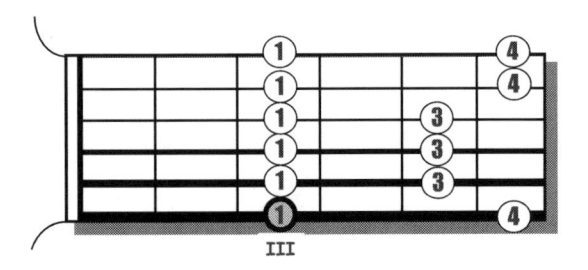

Patrón Nro. 2 Em

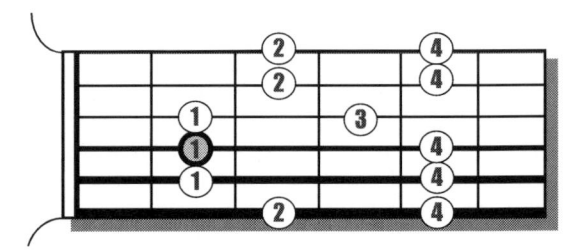

Patrón Nro. 3 Dm

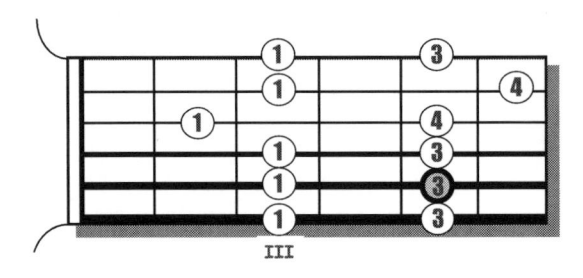

Patrón Nro. 4 Bm

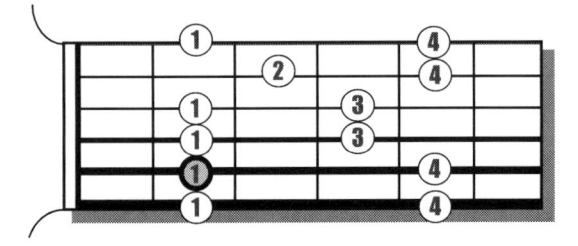

Patrón Nro. 5 Am

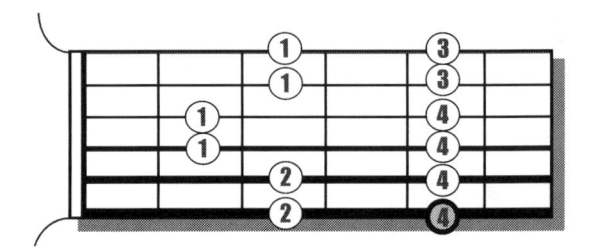

Escalas.

Unidad 5

Conexión Pentatónica menor.

- Al memorizar los 5 patrones de la escala Pentatónica menor, podrá comenzar a conectarlos uno con otro, de esa forma se obtendrá un patrón completo de la misma escala en todo el diapasón de la guitarra
- Practique y memorice la secuencia de conexión. Recuerde que el nro. 1 se conecta con el nro. 2, el nro. 2 con el nro. 3, el 3 con el 4 y así sucesivamente.

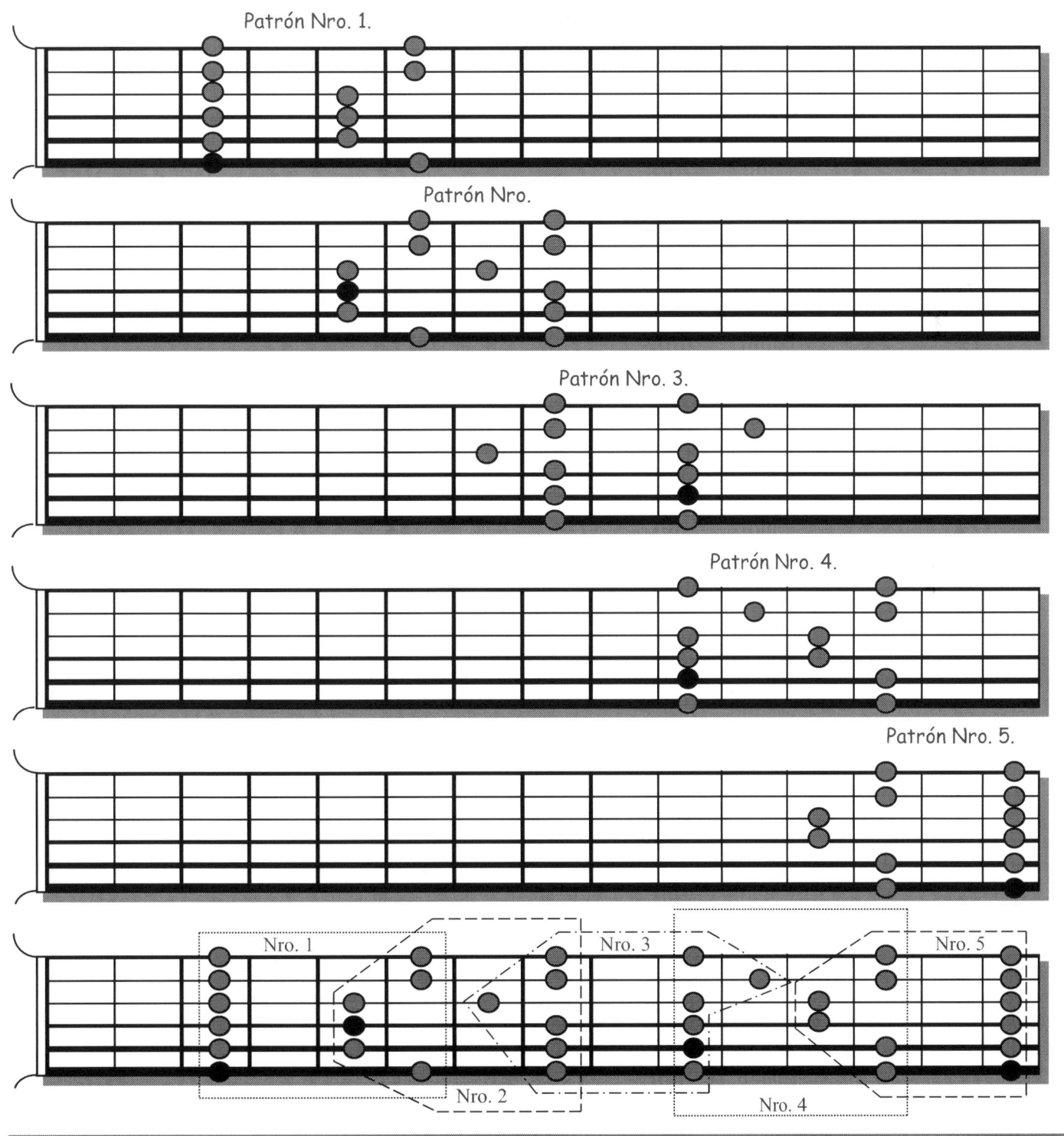

Patrón Nro. 1.

Patrón Nro.

Patrón Nro. 3.

Patrón Nro. 4.

Patrón Nro. 5.

Nro. 1   Nro. 3   Nro. 5

Nro. 2   Nro. 4

Marvin

Pág. 21

Escalas.

Unidad. 6

Mecanismos. (Escala menor Pentatónica)

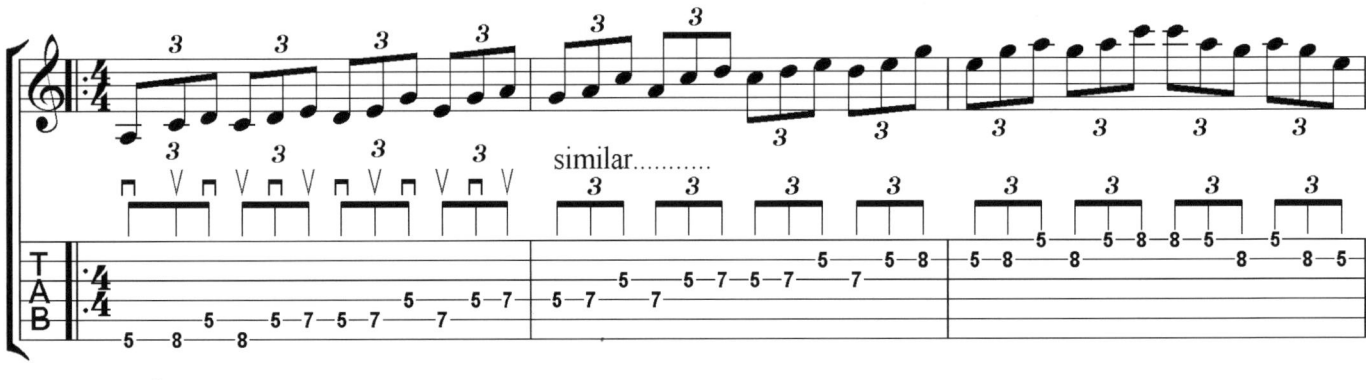

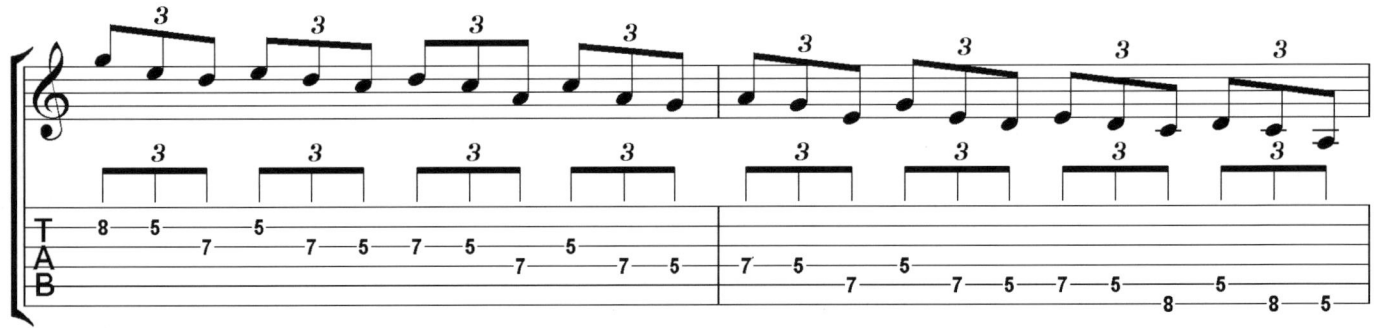

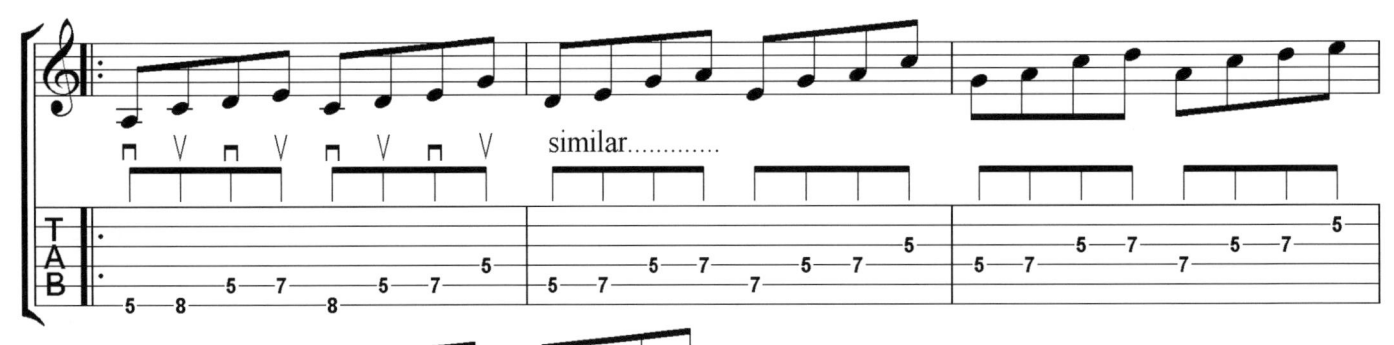

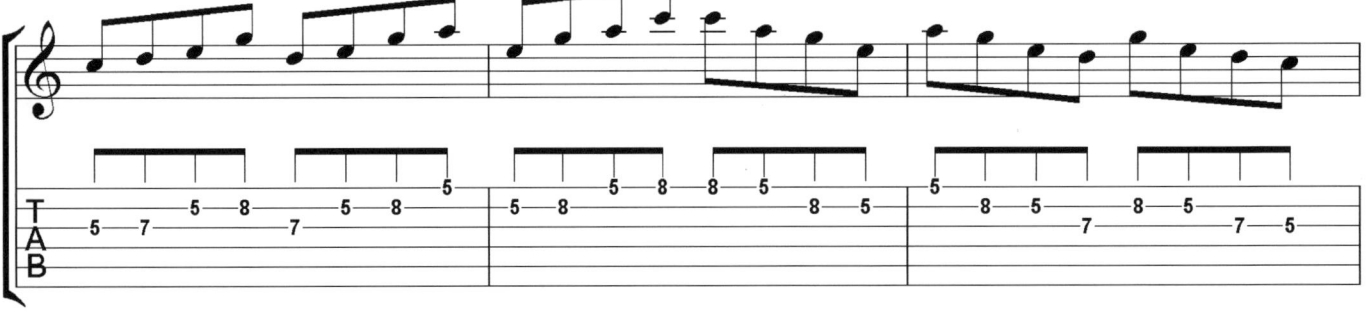

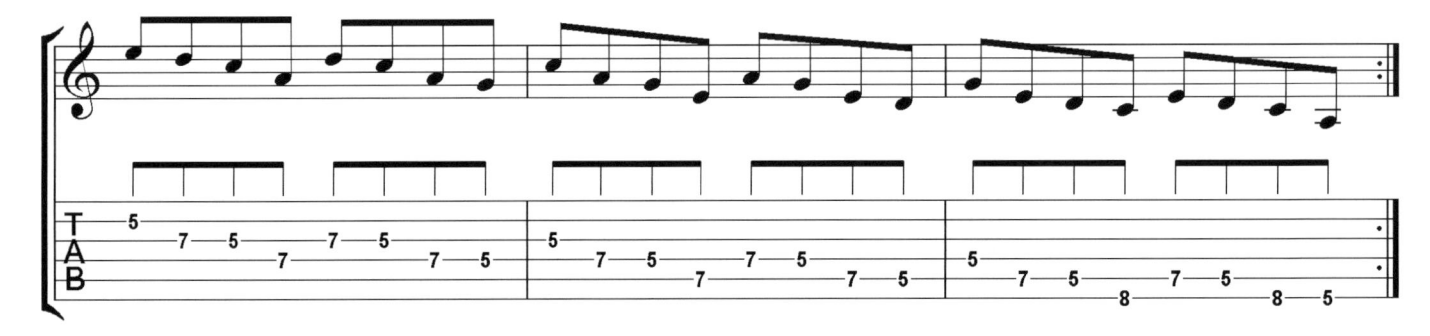

Escalas.

Unidad 7

Escala Blues es la misma estructura de la escala pentatónica menor, agregándole una 5ta bemol, creando un cromatismo entre el 4to y 5to grado de la escala.
Ejemplo:

C	Eb	F	Gb	G	Bb	C
1	3b	4	5b	5	7b	8.

- Los siguientes patrones se usan para construir la escala pentatónica menor en el diapasón de la guitarra. Practique y memorice cada uno, iniciando desde la raíz.(nota con el círculo).

Patrón Nro. 1 **Gm**

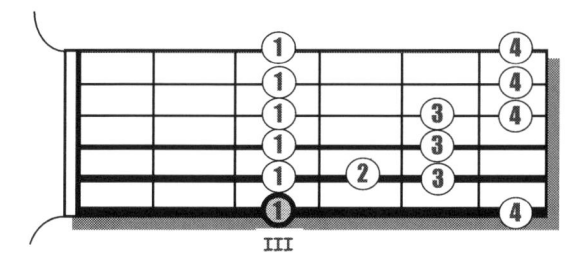

Patrón Nro. 2 **Em**

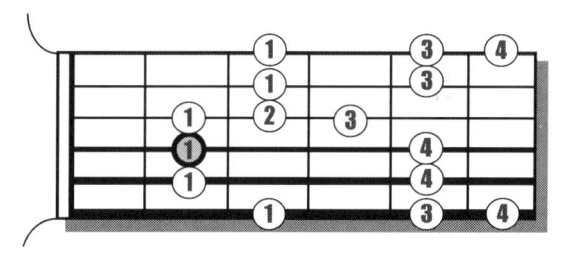

Patrón Nro. 3 **Dm**

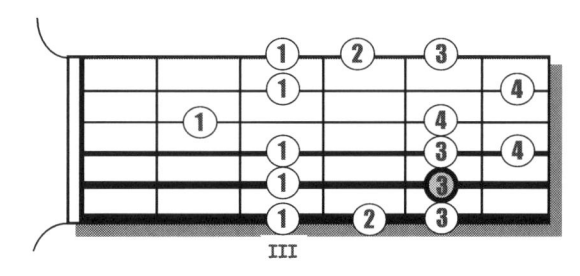

Patrón Nro. 4 **Bm**

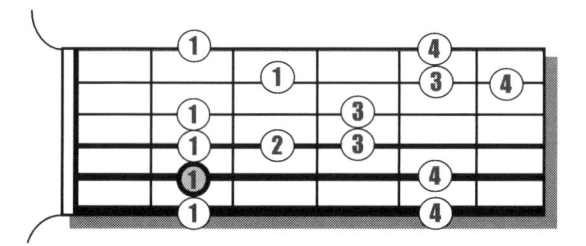

Patrón Nro. 5 **Am**

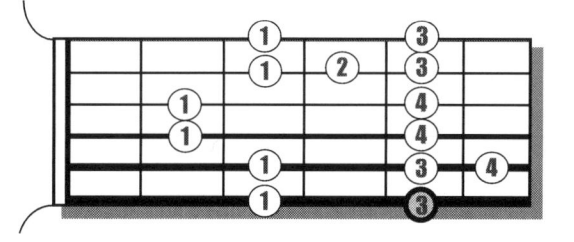

Escalas. Unidad 8

Conexión Escala Blues

- Al memorizar los 5 patrones de la escala Pentatónica menor, podrá comenzar a conectarlos uno con otro, de esa forma se obtendrá un patrón completo de la misma escala en todo el diapasón de la guitarra
- Practique y memorice la secuencia de conexión. Recuerde que el nro. 1 se conecta con el nro. 2, el nro. 2 con el nro. 3, el 3 con el 4 y así sucesivamente.

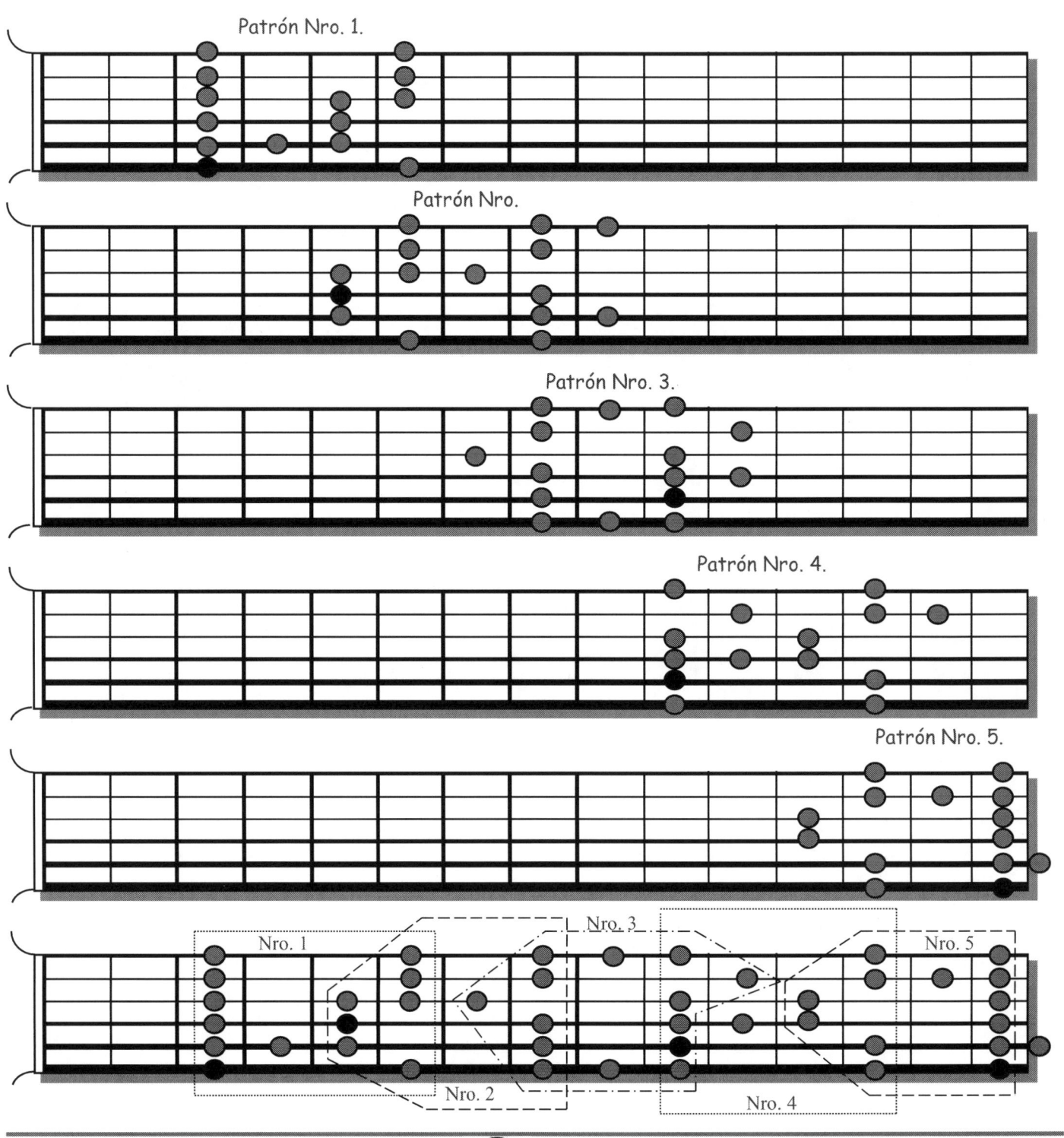

Patrón Nro. 1.

Patrón Nro.

Patrón Nro. 3.

Patrón Nro. 4.

Patrón Nro. 5.

Nro. 1   Nro. 2   Nro. 3   Nro. 4   Nro. 5

Escalas.

Unidad 9

Escala Menor Armónica se construye, bajando medio tono al 3ro y 6to grado de la escala mayor. Quedando 1/2 tono del 2do al 3er grado, del 5to al 6to y del 7mo al 8vo. Y 1 ½ del 5to al 6to.

Ejemplo: C D E♭ F G A♭ B C
          1 2 3♭ 4 5 6♭ 7 8.

- Los siguientes patrones se usan para construir la escala menor en el diapasón de la guitarra. Practique y memorice cada uno, iniciando desde la raíz.(nota con el círculo).

Patrón Nro. 1 **Gm**

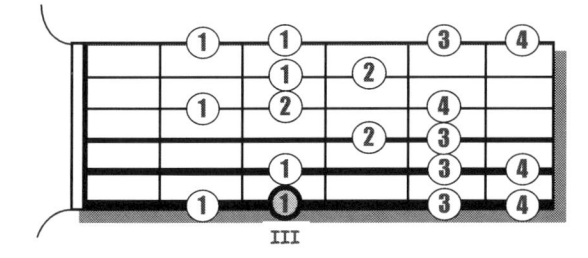

Patrón Nro. 2 **Em**

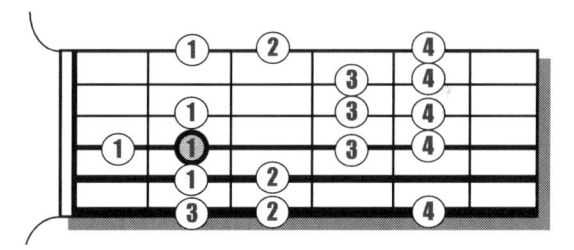

Patrón Nro. 3 **Dm**

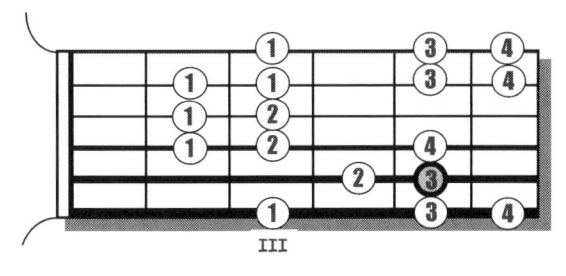

Patrón Nro. 4 **Bm**

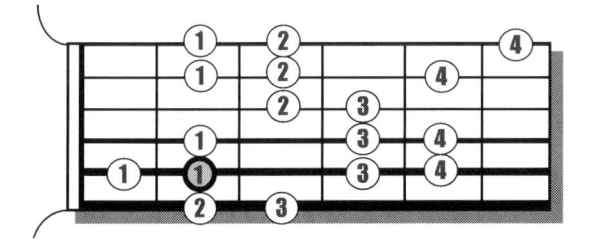

Patrón Nro. 5 **Am**

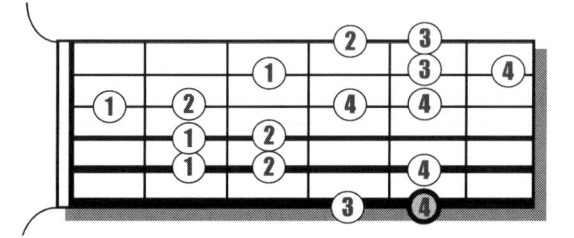

Marvin Pág. 25

Escalas.

Unidad 10

Conexión Escala Menor Armónica

- Al memorizar los 5 patrones podrá comenzar a conectarlos uno con otro, de esa forma se obtendrá un patrón completo de la misma escala en todo el diapasón de la guitarra

- Practique y memorice la secuencia de conexión. Recuerde que el nro. 1 se conecta con el nro. 2, el nro. 2 con el nro. 3, el 3 con el 4 y así sucesivamente.

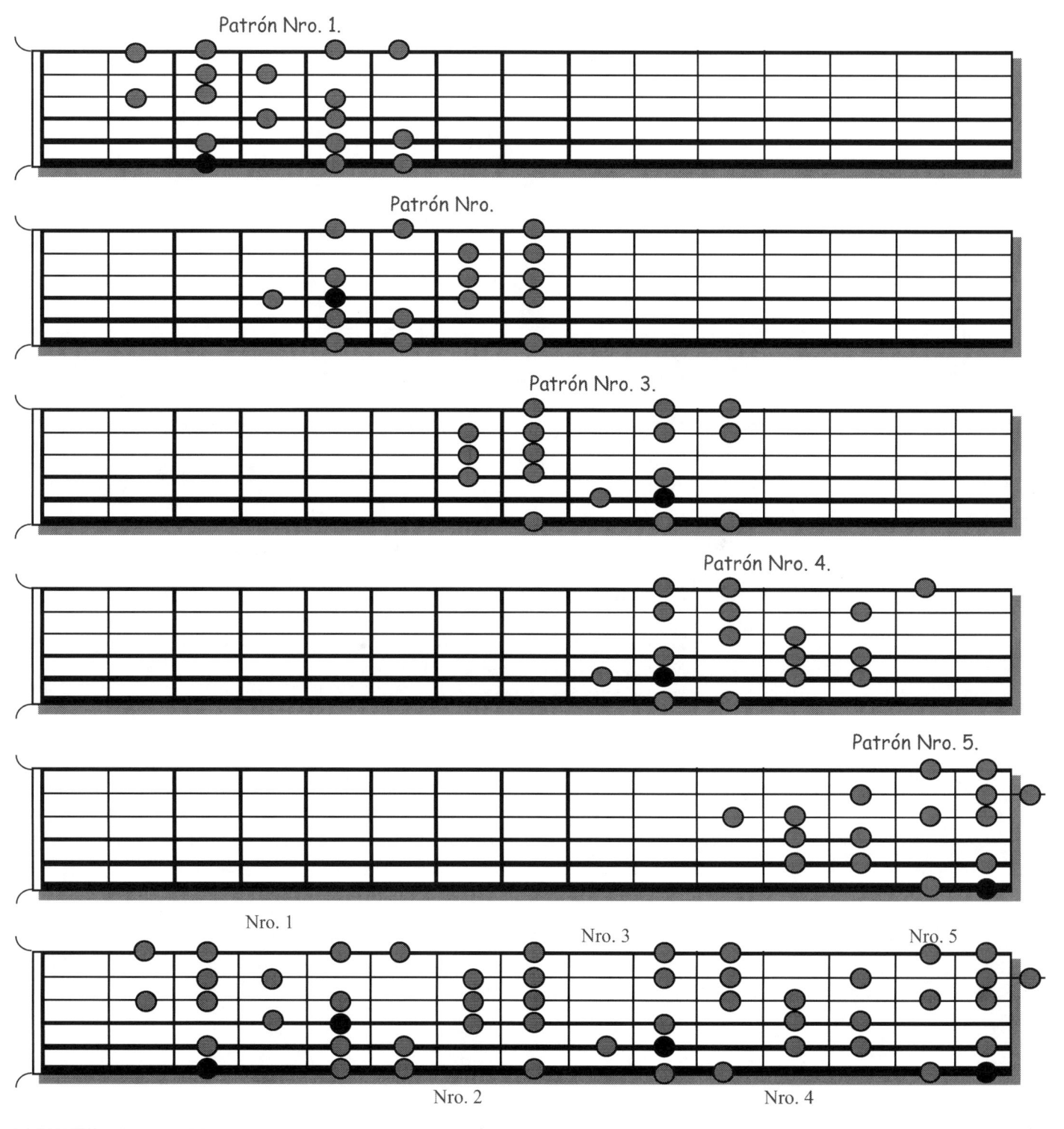

Patrón Nro. 1.

Patrón Nro.

Patrón Nro. 3.

Patrón Nro. 4.

Patrón Nro. 5.

Nro. 1   Nro. 3   Nro. 5

Nro. 2   Nro. 4

Marvin

Pág. 26

Escalas.

Escalas Extendidas (modos de la Escala Mayor)

- Las escalas extendidas usan tres notas por cuerda, por lo tanto es necesario estirar más los dedos y tener una mejor posición de la mano.
- Al iniciar la escala mayor desde cada uno de los grados de la misma se produce un sonido nuevo, a esto es lo que se le llama "Modos de la Escala Mayor".
- *Ejemplo: Iniciar la Esc. Mayor desde el 1er. Grado es Ionian*
  Pero iniciarla desde D (Re) se llamaría Dorian, Iniciarla desde F (Fa) se llamaría Lydian, Iniciarla dese G (Sol) se llamaría Mixolydian.

Patrón Nro. 1. **F Ionian**

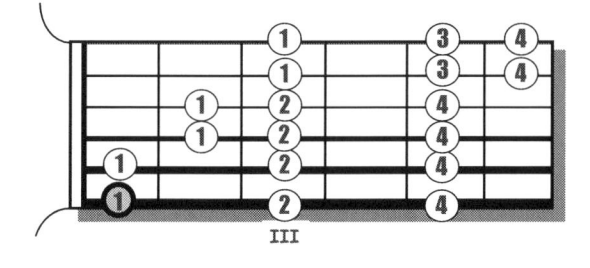

Patrón Nro. 2. **G dorian**

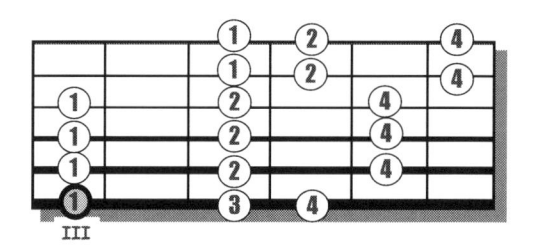

Patrón Nro. 3. **A Phrigian**

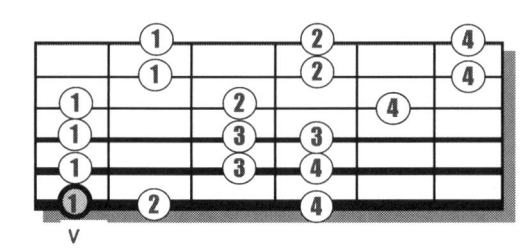

Patrón Nro. 4. **Bb Lydian**

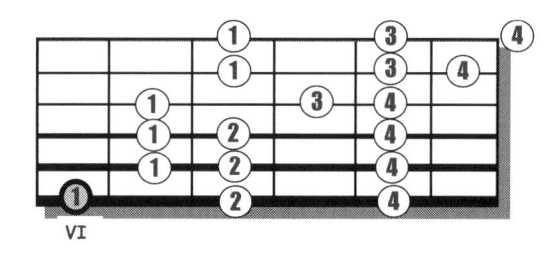

Patrón Nro. 5. **C Mixolydian**

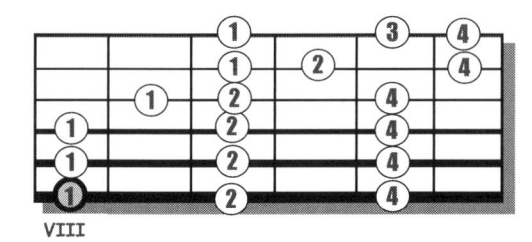

Patrón Nro. 6 **D Aeolian**

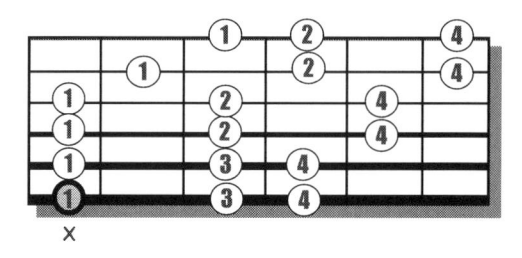

Patrón Nro. 7. **E Locrian**

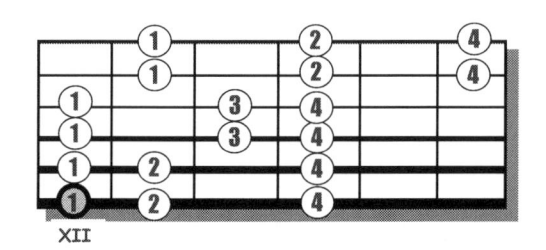

Escalas. Unidad 12

Escala Disminuida es también conocida como una Escala Simétrica, es decir una Escala con la misma estructura en todos sus grados.

- El primer modo es conocido como la Ecala Disminuida como tal y su estructura es 1 tono y ½ tono (1, ½, 1, ½, 1, ½, 1 etc.)

  Ejemplo: C   D   Eb   F   F#   G#   A   B   C
                     1   ½   1   ½   1   ½   1   ½

  Su uso esta ligado a los Acordes min7b5 o Dim7

- El Segundo modo es conocido como la Escala "Dominante Disminuida" y su estructura seria ½ tono y 1 tono (½, 1, ½, 1, ½, 1, ½ etc.)

  Ejemplo: D   Eb   F   F#   G#   A   B   C   D
                     ½   1   ½   1   ½   1   ½   1

  Puede usarse sobre acordes Dominantes: 7b9, 7#9, 7#11, etc.

- Debido a su característica Simétrica cada tono y medio 1½ puede ser Raíz
- Practique y memorice cada uno, (Iniciando desde 1 tono de distancia; seria el Modo1 e Iniciando desde el ½, medio tono de distancia; seria el Modo 2

Patrón Nro. 1

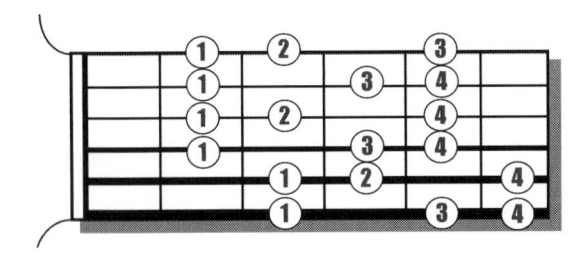

Patrón Nro. 2

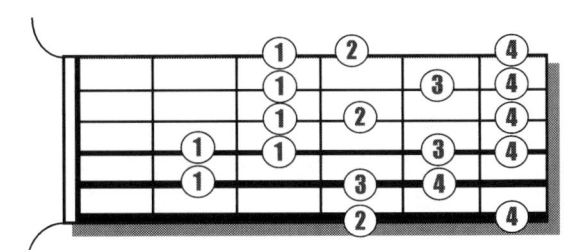

Patrón Nro. 3

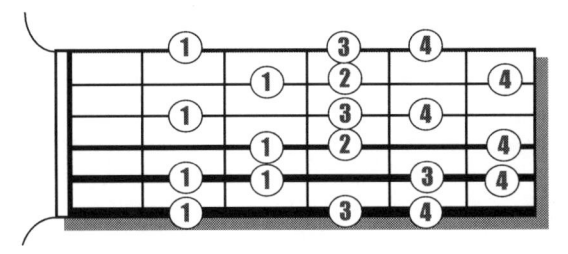

Conexión 4 notas por cuerda

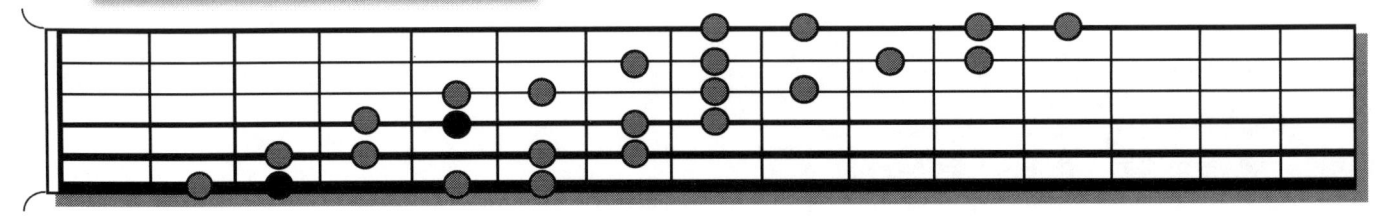

Escalas.
Unidad 13

Escala Tonos Enteros o Whole Tone es también conocida como una Escala Simétrica, ósea una Escala con la misma estructura en todos sus grados.

- Su estructura es 1 tono, 1 tono, 1 tono. (1, 1, 1, 1, 1, 1 1 etc.)

Ejemplo: C D E F# G# Bb C
　　　　　 　 1 　1 　1 　 1 　 1 　 1

- Debido a su característica Simétrica cada tono puede ser Raíz

- Practique y memorice cada uno, iniciando desde la raíz.(nota con el círculo).
- Su utilidad puede ser sobre Acordes Dominantes : 7b5, 7#5, 9(#11), 9(13b) entre otros.

Patrón Nro. 1

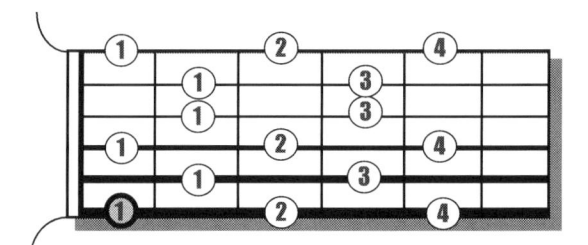

Patrón Nro. 2 *(2 notas por cuerda)*

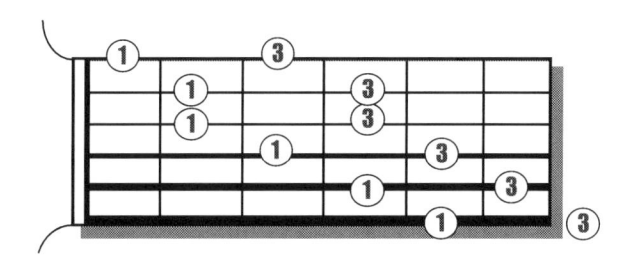

Patrón Nro. 3 *(forma de 5 notas)*

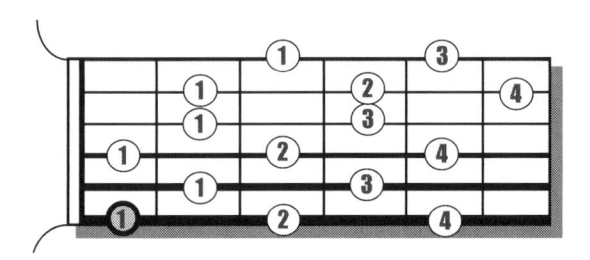

Patrón Nro. 4 *(3 notas por cuerda)*

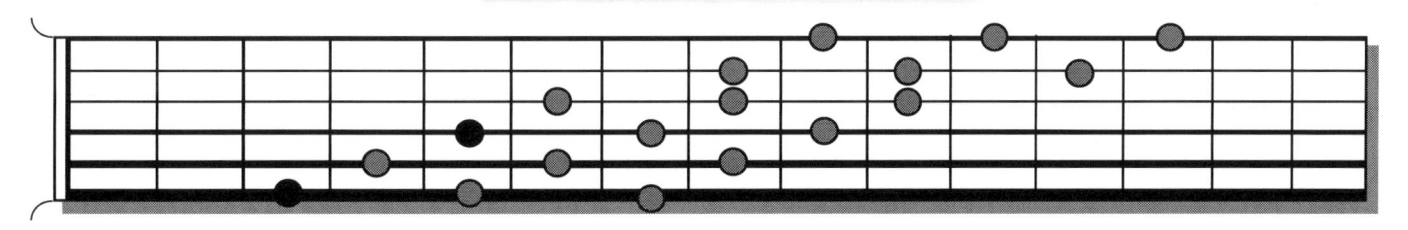

Marvin

ACORDES

Acordes.

Unidad 4

Acordes Maj9, min9 y Dom9

- Los siguientes son acordes con 7ma, a los que se le agregan la 9na. En algunos casos se omite la 5ta.
- Su Construcción seria:
- Maj9: 1 3 5 7 9   min9: 1 3♭ 5 7♭ 9   dom9: 1 3 5 7♭ 9
        C E G B D   C E♭ G B♭ D   C E G B♭ D
- Recuerde practicarlo en ciclos de 4tas en todos los trastes hasta memorizarlos y dominarlos.

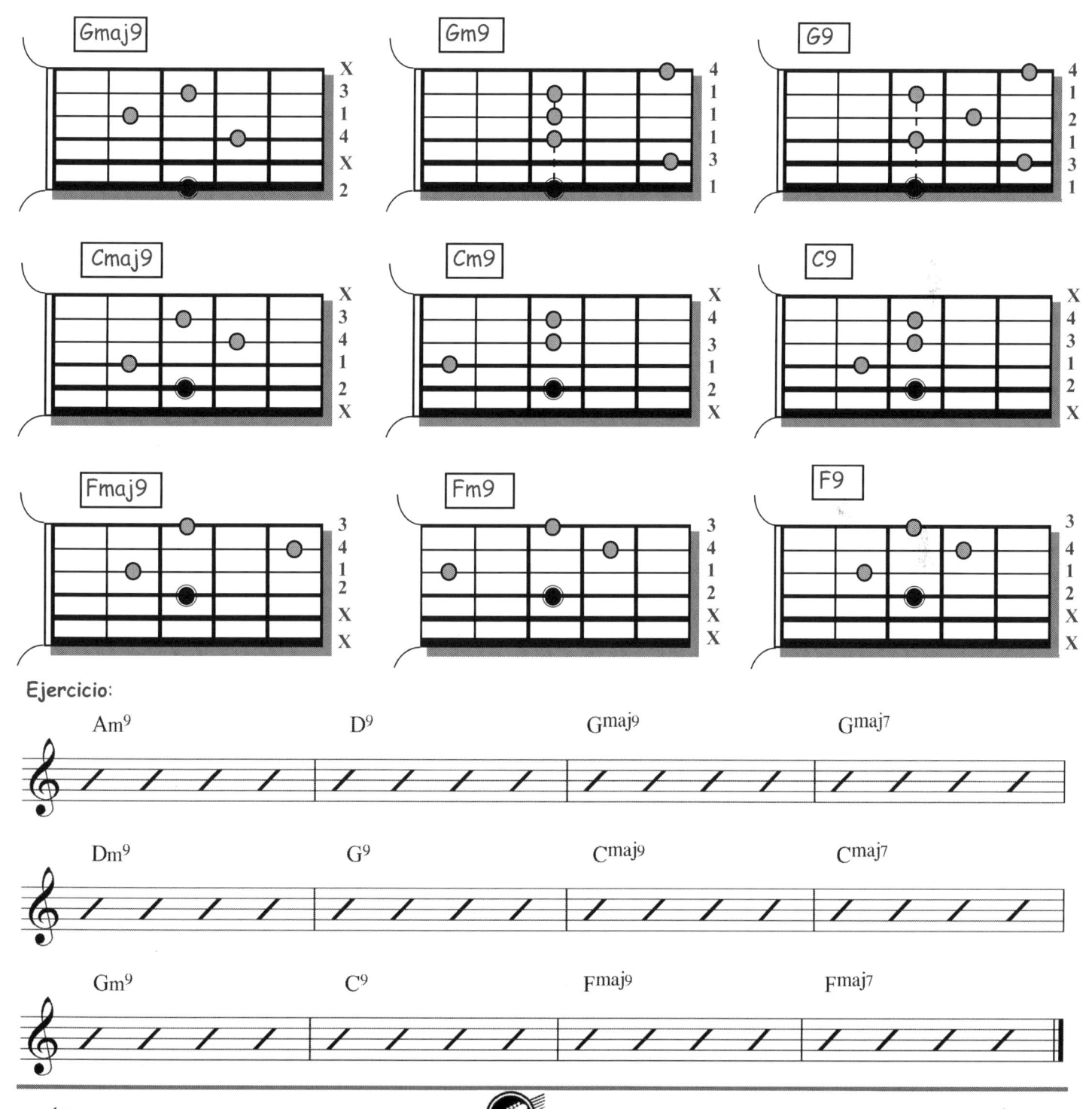

Gmaj9, **Gm9**, **G9**

Cmaj9, **Cm9**, **C9**

Fmaj9, **Fm9**, **F9**

Ejercicio:

| Am9 | D9 | Gmaj9 | Gmaj7 |

| Dm9 | G9 | Cmaj9 | Cmaj7 |

| Gm9 | C9 | Fmaj9 | Fmaj7 |

Acordes.

Acordes Add9

- Añadir o Agregar, significan que a la tríada mayor o menor se le va a sumar la 9na. (igual a la 2da).
- Su construcción seria:

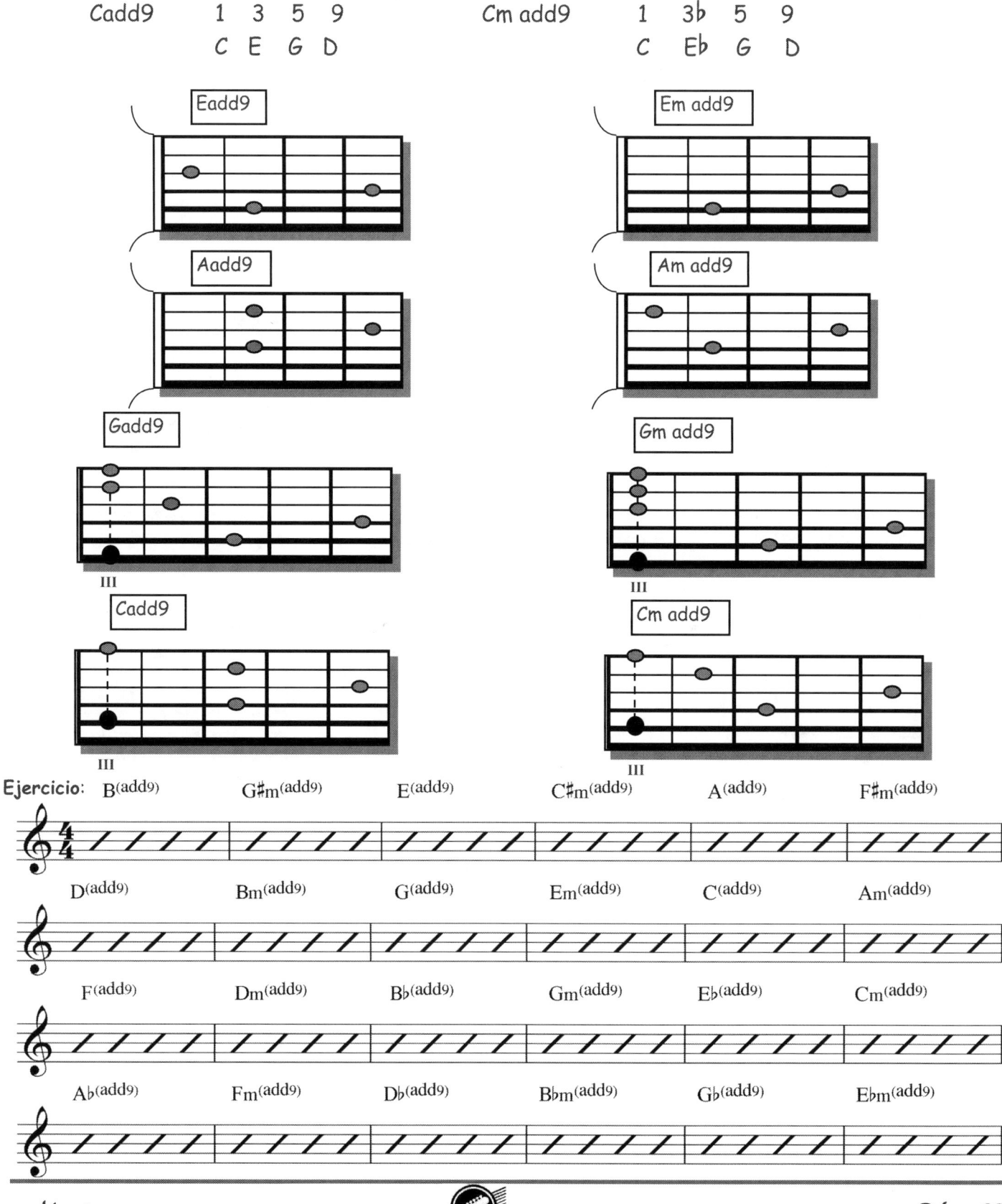

Cadd9   1   3   5   9   Cm add9   1   3♭   5   9
               C   E   G   D   C   E♭   G   D

Eadd9   **Em add9**

Aadd9   **Am add9**

Gadd9   **Gm add9**
III   III

Cadd9   **Cm add9**
III   III

Ejercicio: B(add9)   G♯m(add9)   E(add9)   C♯m(add9)   A(add9)   F♯m(add9)

D(add9)   Bm(add9)   G(add9)   Em(add9)   C(add9)   Am(add9)

F(add9)   Dm(add9)   B♭(add9)   Gm(add9)   E♭(add9)   Cm(add9)

A♭(add9)   Fm(add9)   D♭(add9)   B♭m(add9)   G♭(add9)   E♭m(add9)

Acordes. Unidad 3

- **Los Acordes con 13** Contienen la estructura de los acordes con 7ma y se le agrega la 6 o 13 de la escala, en algunos casos se elimina la 5 y también pueden tener otra extensión como la 9na. y/ó la 11.

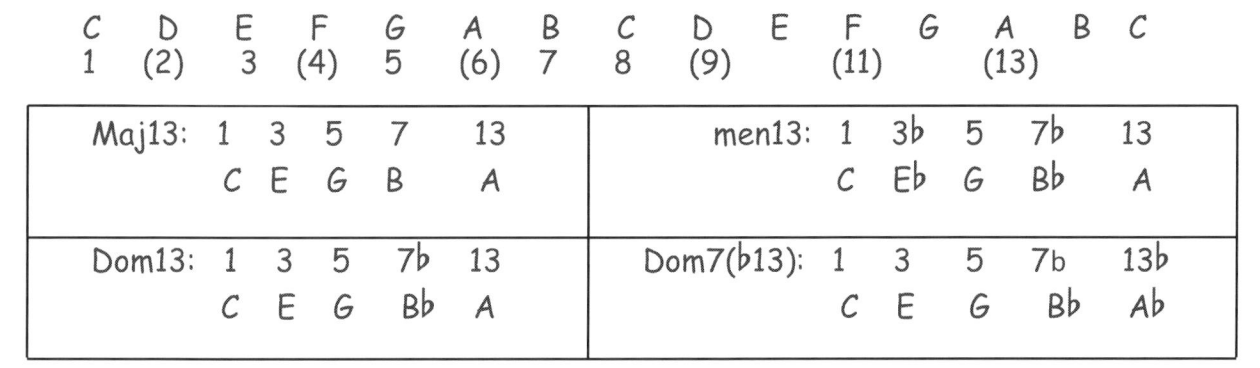

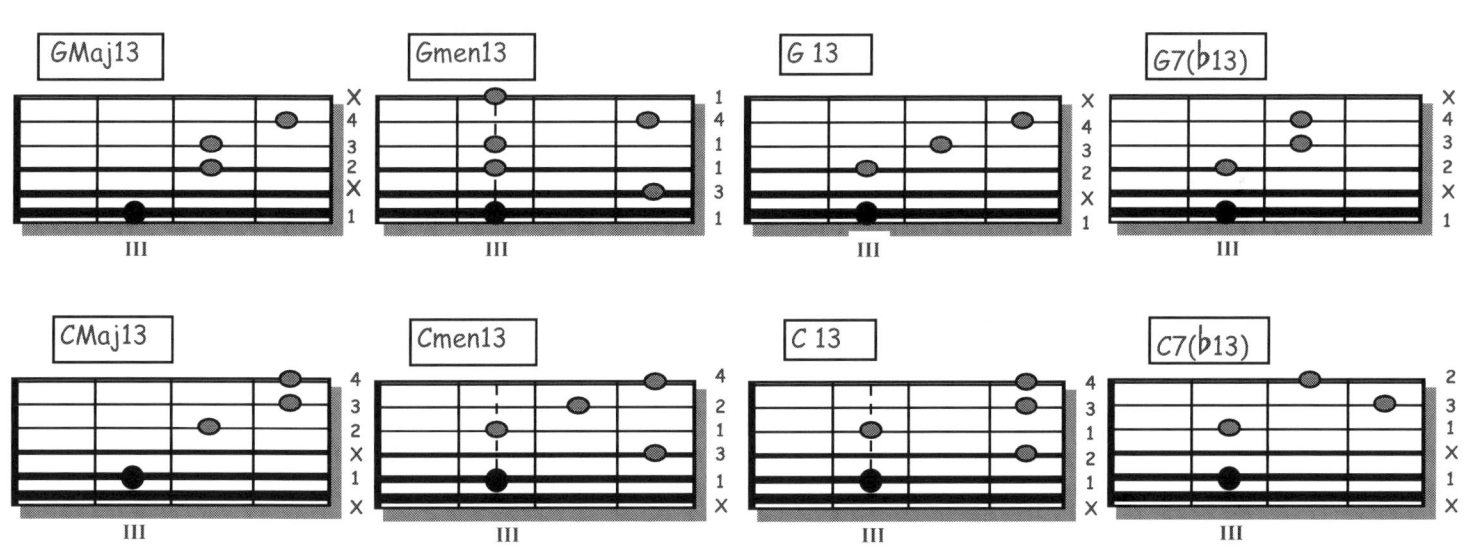

```
C    D    E    F    G    A    B    C    D    E    F    G    A    B    C
1   (2)   3   (4)   5   (6)   7    8   (9)       (11)       (13)
```

Maj13:	1	3	5	7	13		men13:	1	3♭	5	7♭	13
	C	E	G	B	A			C	E♭	G	B♭	A
Dom13:	1	3	5	7♭	13		Dom7(♭13):	1	3	5	7♭	13♭
	C	E	G	B♭	A			C	E	G	B♭	A♭

GMaj13 — Gmen13 — G13 — G7(♭13)
(III)

CMaj13 — Cmen13 — C13 — C7(♭13)
(III)

Ejercicio: Practique las progresiones mayores y menores estudiadas en el primer nivel sustituyendo los acordes Maj7 por Maj13, men7 por men13 y dom7 por dom13.
También puede combinar los Dom13 y Dom7(♭13) en el caso de los acordes Dominantes.

Ejercicio:

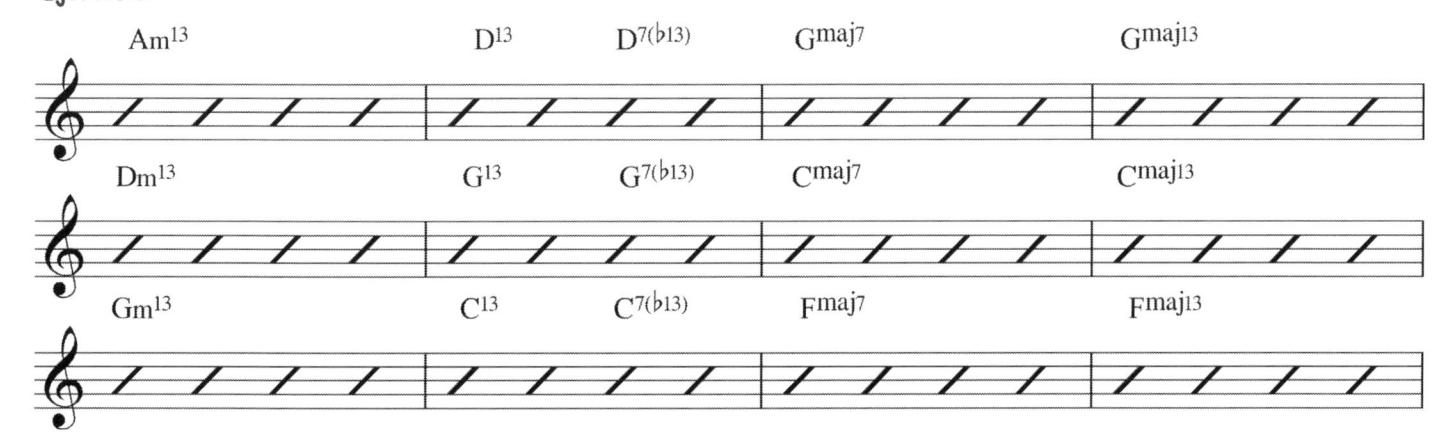

Am13		D13	D7(♭13)	Gmaj7		Gmaj13	
Dm13		G13	G7(♭13)	Cmaj7		Cmaj13	
Gm13		C13	C7(♭13)	Fmaj7		Fmaj13	

Acordes.

Unidad 4

- **Los acordes 6/9**, significan que a la tríada mayor o menor se le va a agregar la 6ta y la 9na del acorde.

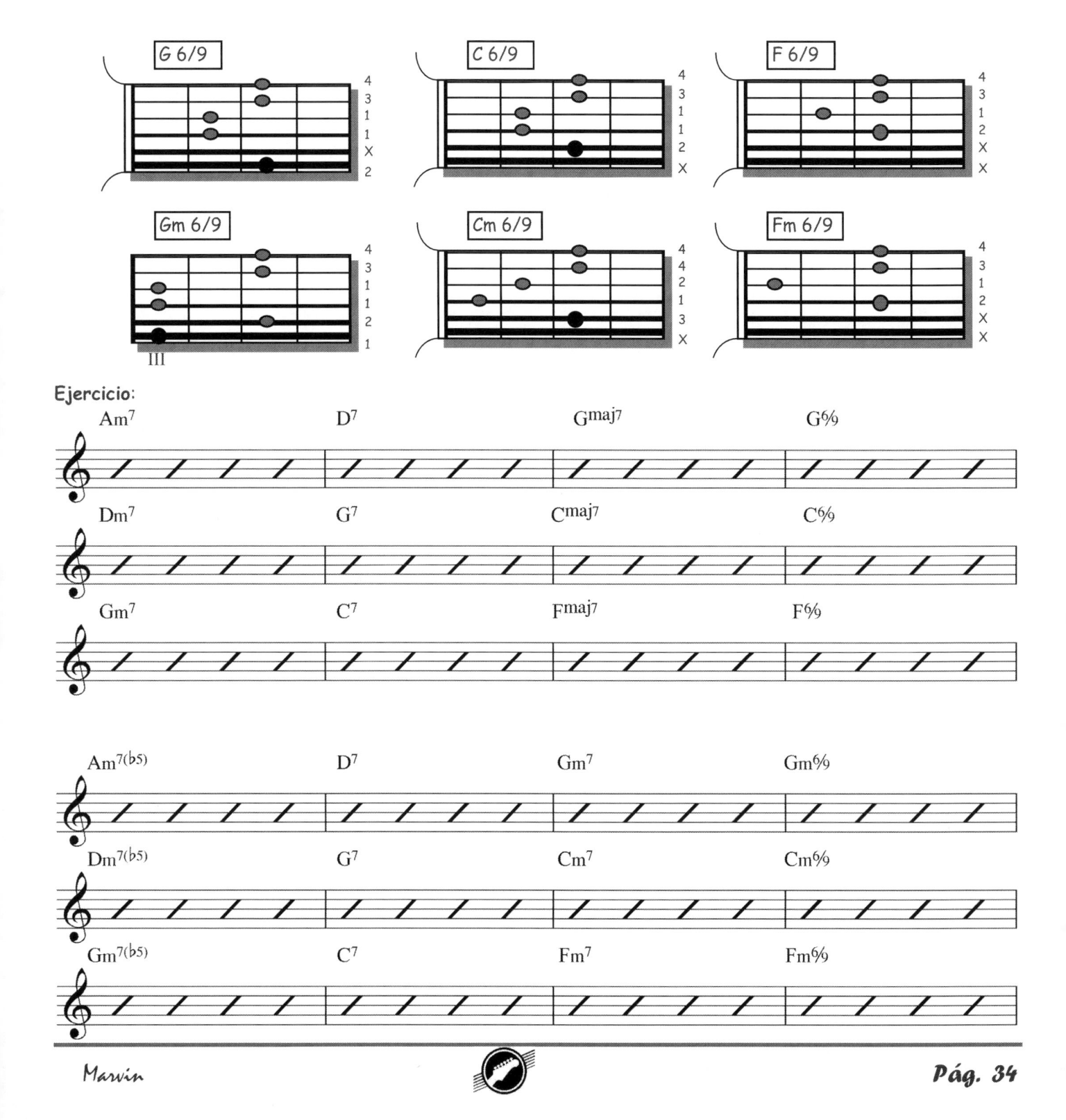

C6/9	1	3	5	6	9		Cm6/9	1	3♭	5	6	9
	C	E	G	A	D			C	E♭	G	A	D

G 6/9, **C 6/9**, **F 6/9**

Gm 6/9, **Cm 6/9**, **Fm 6/9**

Ejercicio:

Am7	D7	Gmaj7	G6/9
Dm7	G7	Cmaj7	C6/9
Gm7	C7	Fmaj7	F6/9

Am7(♭5)	D7	Gm7	Gm6/9
Dm7(♭5)	G7	Cm7	Cm6/9
Gm7(♭5)	C7	Fm7	Fm6/9

Marvin

Pág. 34

Acordes. Unidad 5

- **Los acordes m11 y Dom11**, Se puede usar la misma forma para los dos ya que no tienen tercera (3), solo poseen R, 7b, 9, y 11.

Cm11	1	3b	5	7b	9	11		C11	1	3	5	7b	9	11
	C	Eb	G	Bb	D	F			C	E	G	Bb	D	F

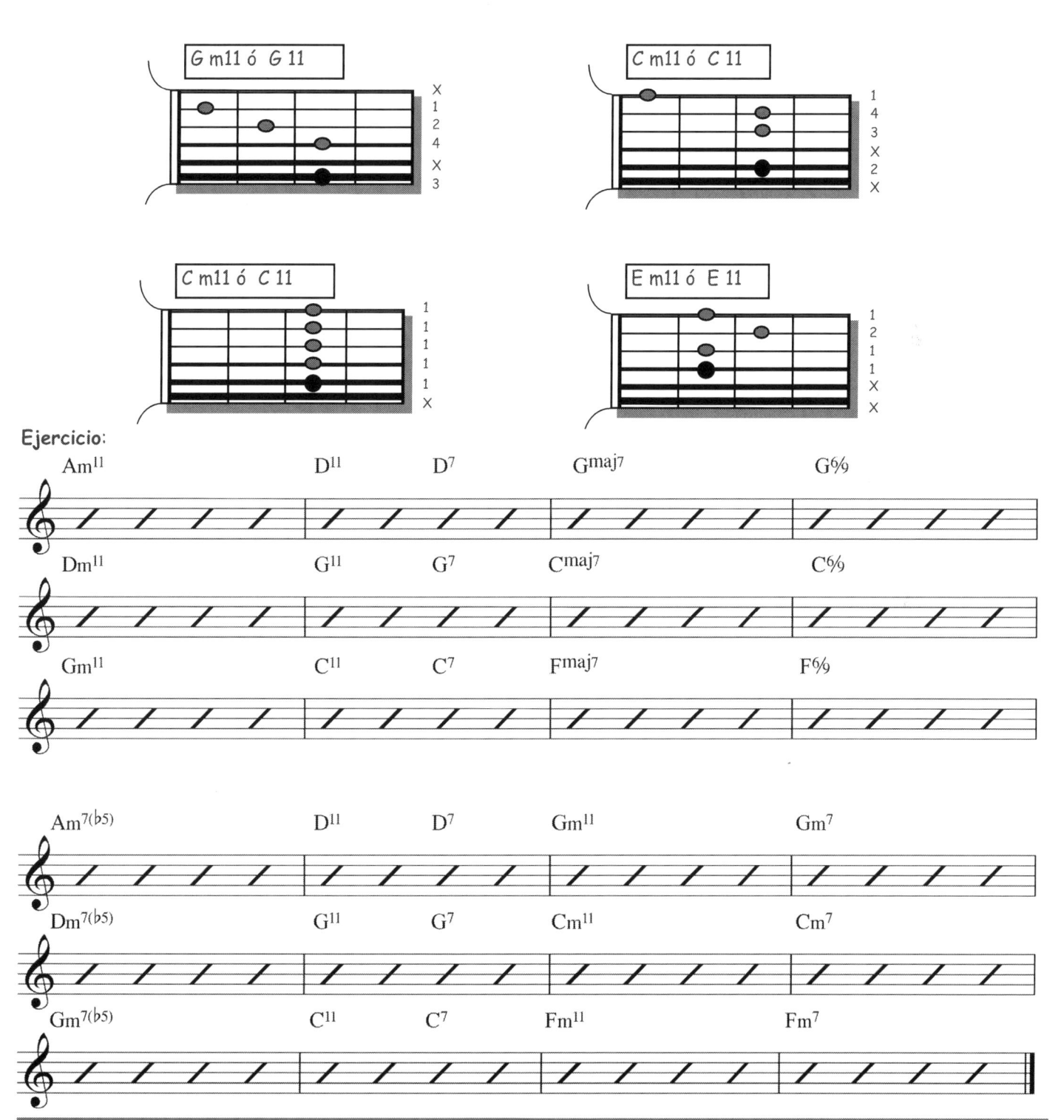

G m11 ó G 11

C m11 ó C 11

C m11 ó C 11

E m11 ó E 11

Ejercicio:

Am11		D11	D7	Gmaj7	G6/9
Dm11		G11	G7	Cmaj7	C6/9
Gm11		C11	C7	Fmaj7	F6/9

Am7(b5)		D11	D7	Gm11	Gm7
Dm7(b5)		G11	G7	Cm11	Cm7
Gm7(b5)		C11	C7	Fm11	Fm7

Acordes.   Unidad. 6

- **Los acordes 6** son aquellos que a la tríada mayor o menor se le va a agregar la 6ta del acorde.
- Ejemplo:

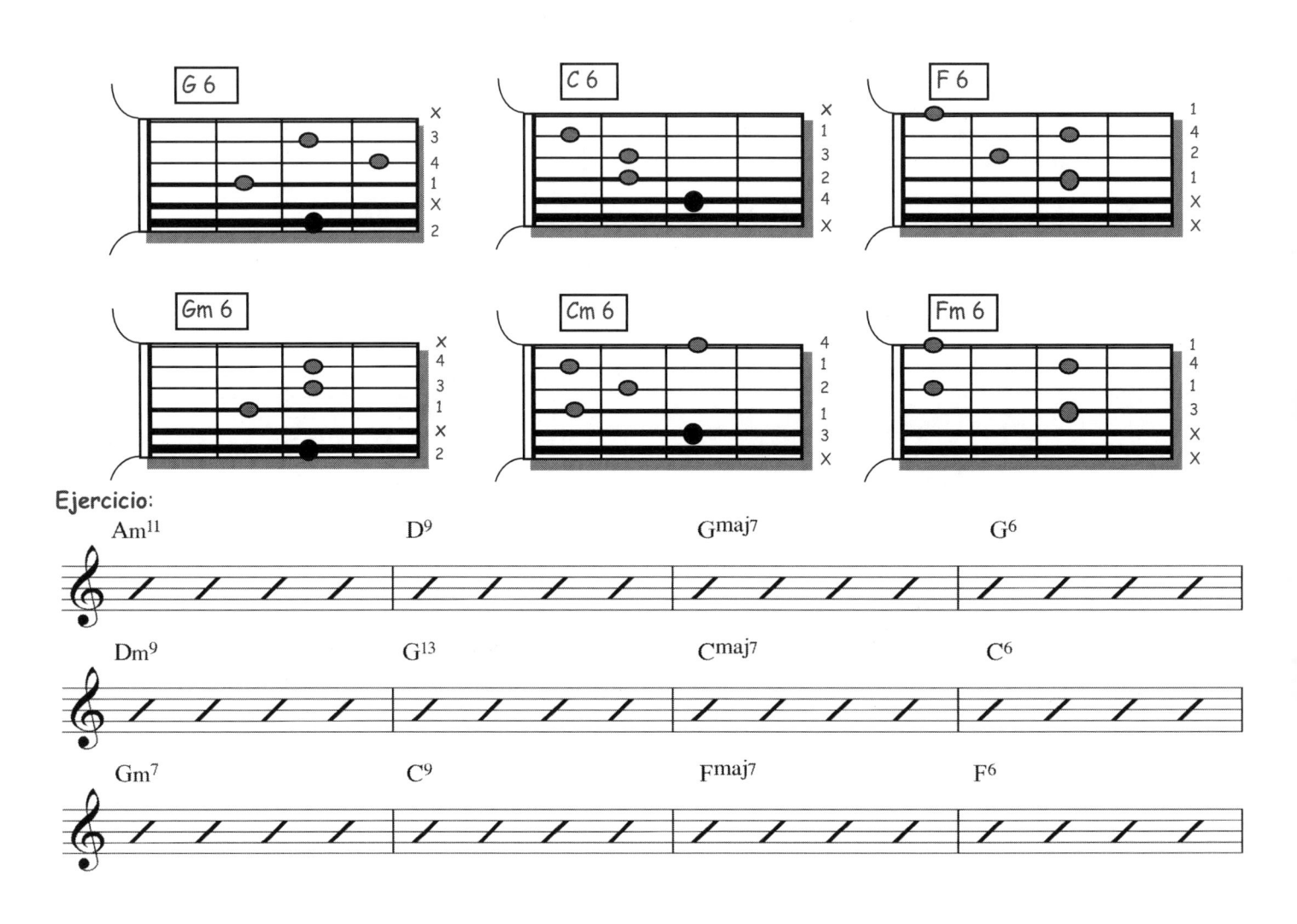

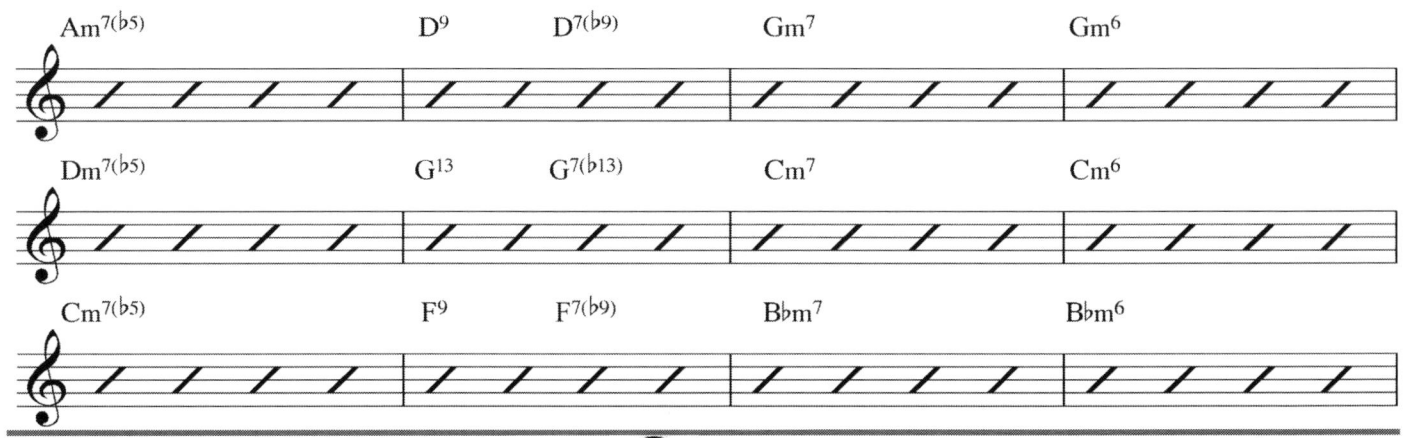

C6	1	3	5	6	9		Cm6	1	3♭	5	6	9
	C	E	G	A	D			C	E♭	G	A	D

[Chord diagrams: G6, C6, F6, Gm6, Cm6, Fm6]

Ejercicio:

Am11	D9	Gmaj7	G6
Dm9	G13	Cmaj7	C6
Gm7	C9	Fmaj7	F6

Am7(♭5)	D9	D7(♭9)	Gm7	Gm6
Dm7(♭5)	G13	G7(♭13)	Cm7	Cm6
Cm7(♭5)	F9	F7(♭9)	B♭m7	B♭m6

Acordes. Unidad 7

Acordes con 9na alterada

- La característica de los acordes alterados es que se aplican básicamente sobre los Dominantes (R, 3, 5 7b). Pueden ser dos posibilidades: la 9# o 9b, en algunos casos se omite la 5ta del acorde.
- Recuerde practicarlo en ciclos de 4tas en todos los trastes hasta memorizarlos y dominarlos.

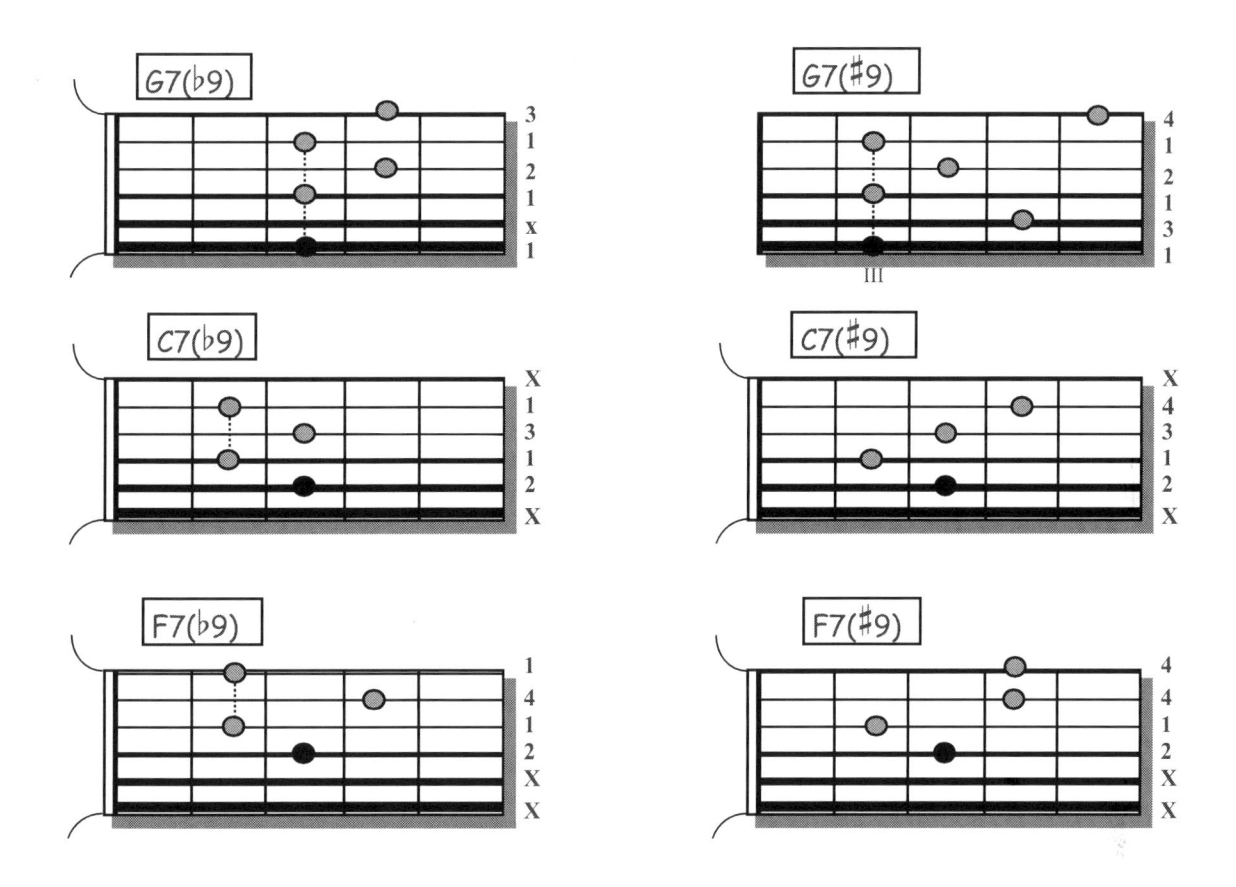

Ejercicio:

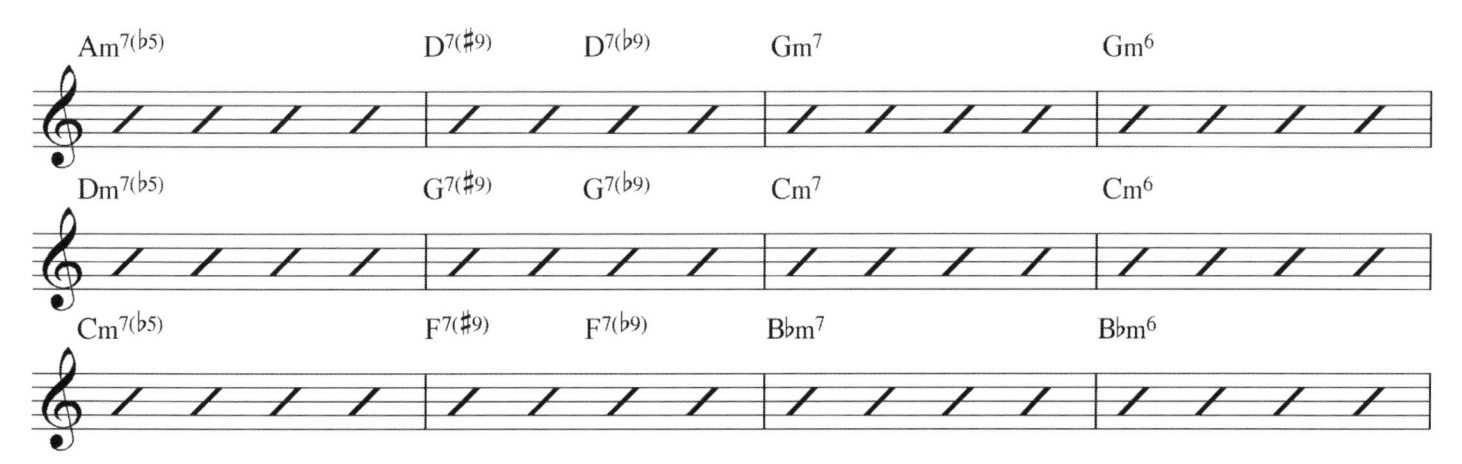

Am7(b5)		D7(#9)	D7(b9)	Gm7		Gm6	

Dm7(b5)		G7(#9)	G7(b9)	Cm7		Cm6	

Cm7(b5)		F7(#9)	F7(b9)	Bbm7		Bbm6	

Marvin — Pág. 37

Acordes.

Unidad 8

- **Maj7♭5 y Maj7♯5** En esta unidad estudiaremos acordes Mayores 7 con la quinta (5) ♯ o ♭. Su uso es sobre Acordes de tipo mayor, como el 1er y 4to grado de la Escala Mayor

- Su fórmula es la siguiente: Maj7♯5: R 3 5♯ 7   Maj7♭5: R 3 5♭ 7
                                                                  C E G♯ B   C E G♭ B

[Diagramas de acordes: Gmaj7♯5, Gmaj7♭5, Cmaj7♯5, Cmaj7♭5, Fmaj7♯5 (III), Fmaj7♭5]

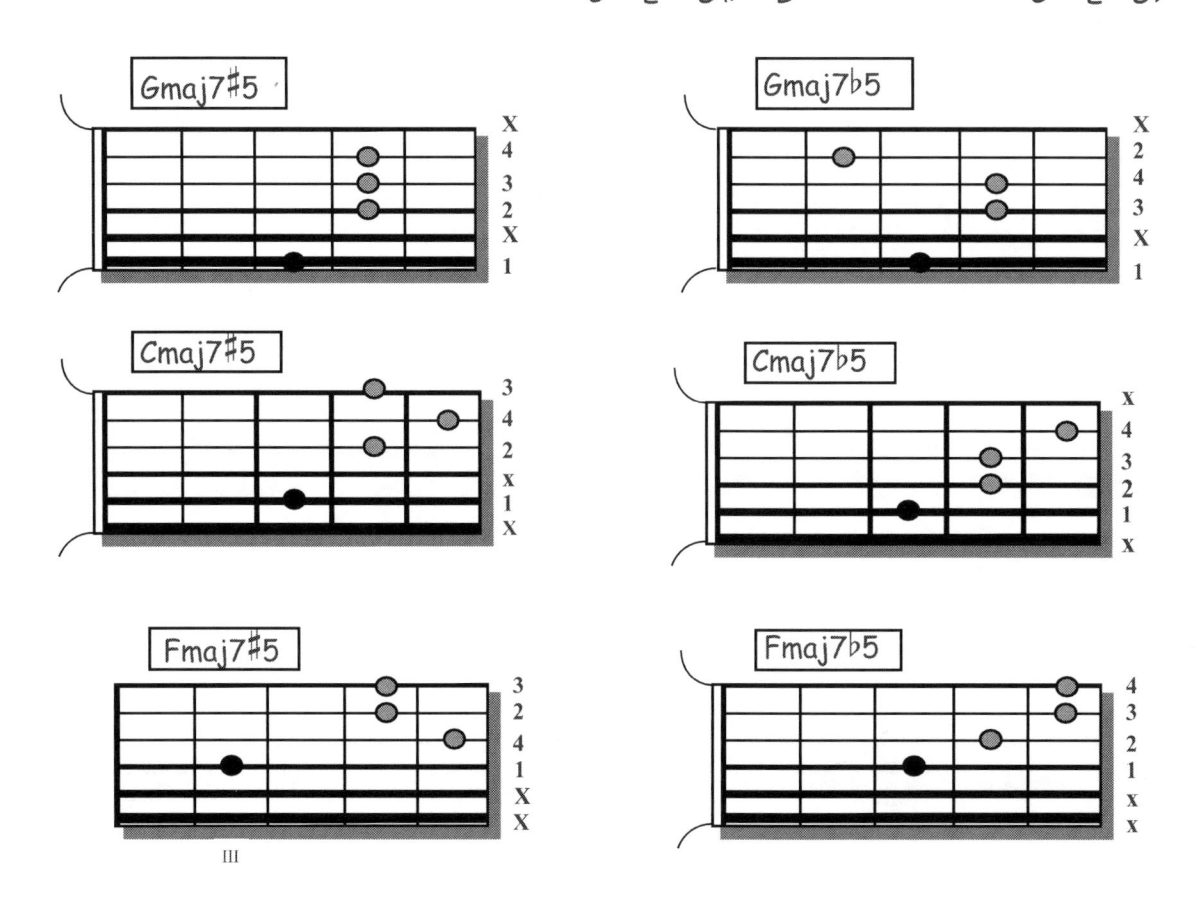

Ejercicio:

Gmaj7(♭5)	Gmaj7	Gmaj7(♯5)	G6
Cmaj7(♭5)	Cmaj7	Cmaj7(♯5)	C6
Fmaj7(♭5)	Fmaj7	Fmaj7(♯5)	F6

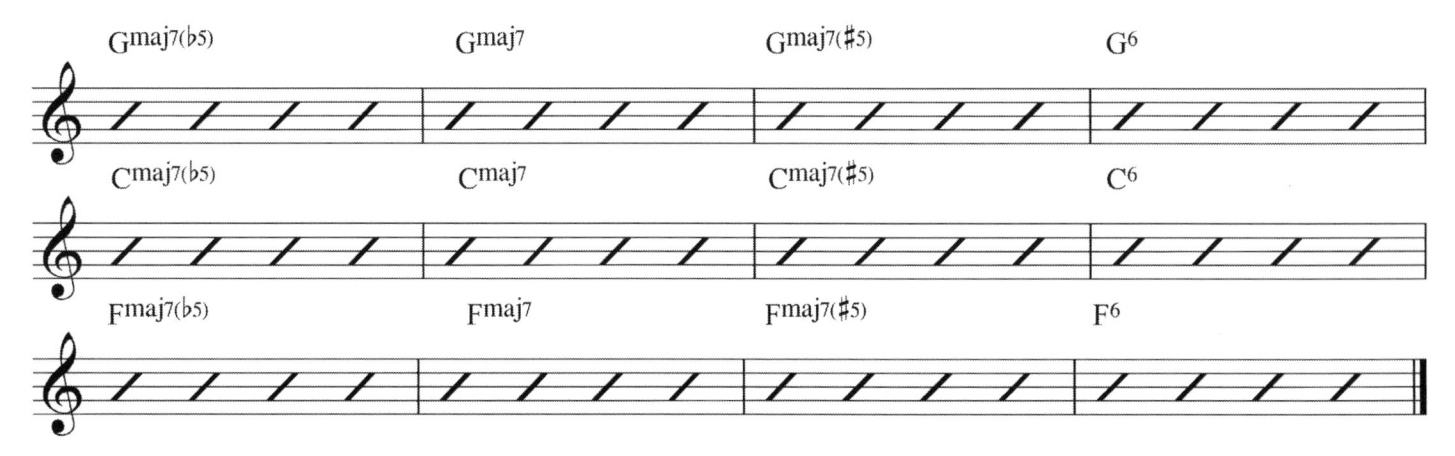

Acordes.

Unidad 9

- **Acordes 7 5# y 7 5b** En esta unidad estudiaremos acordes Dom7 con la quinta alterada (5# o 5b.)

  Su fórmula es la siguiente:

  Dom7 5#: R 3 5# 7b   Dom7 5b: R 3 5b 7b
            C E G# Bb   C E Gb Bb

- Note que la 5ta aumentada es igual a la 13 Disminuida y la 5 disminuida es igual a la 11 aumentada, es decir el acorde 7 5# es igual al 7 13b. Y el acorde 7 5b es igual al 7 11#

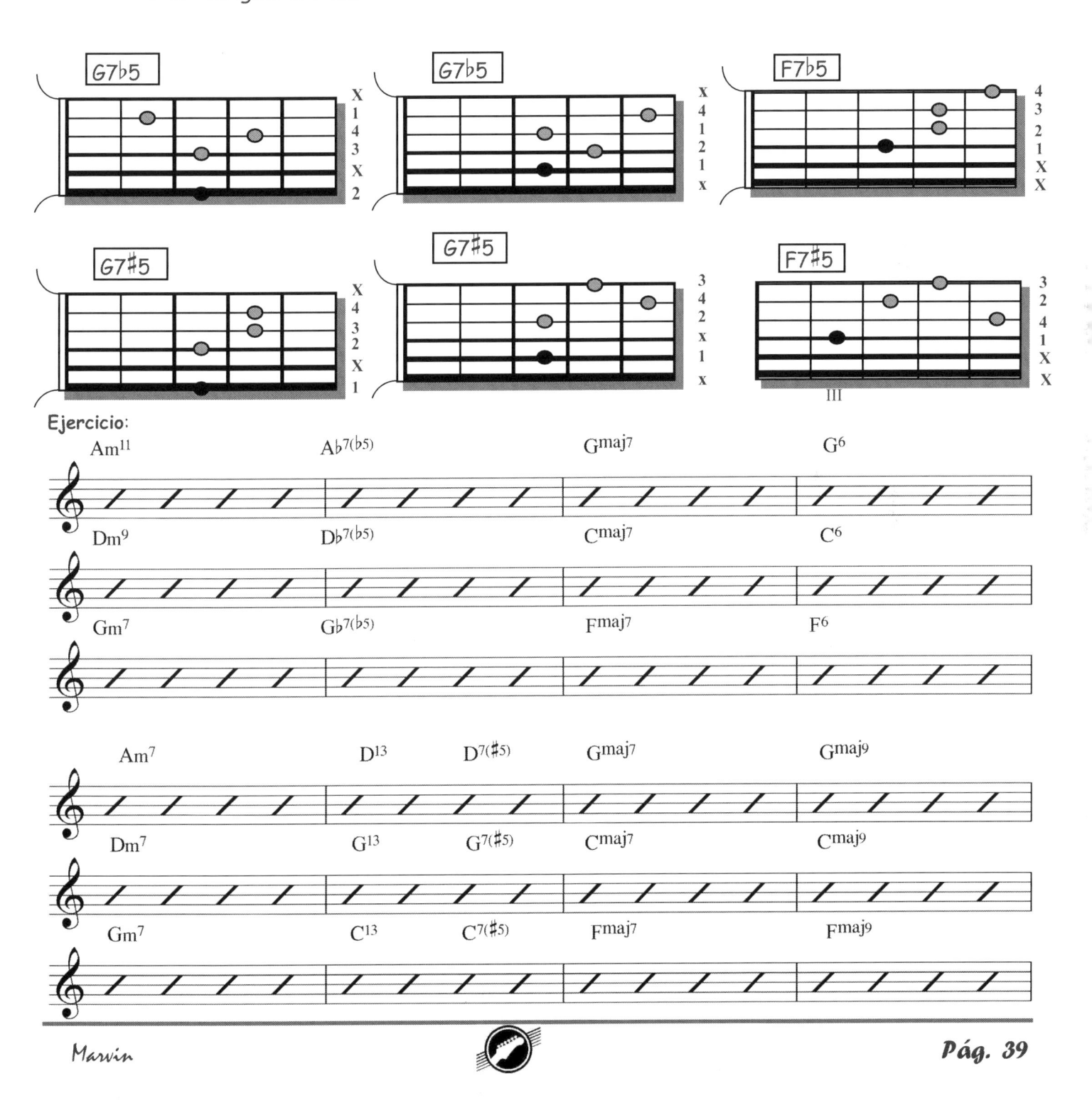

Ejercicio:

Am11	Ab7(b5)	Gmaj7	G6
Dm9	Db7(b5)	Cmaj7	C6
Gm7	Gb7(b5)	Fmaj7	F6

Am7	D13 D7(#5)	Gmaj7	Gmaj9
Dm7	G13 G7(#5)	Cmaj7	Cmaj9
Gm7	C13 C7(#5)	Fmaj7	Fmaj9

Made in the USA
Coppell, TX
06 April 2024